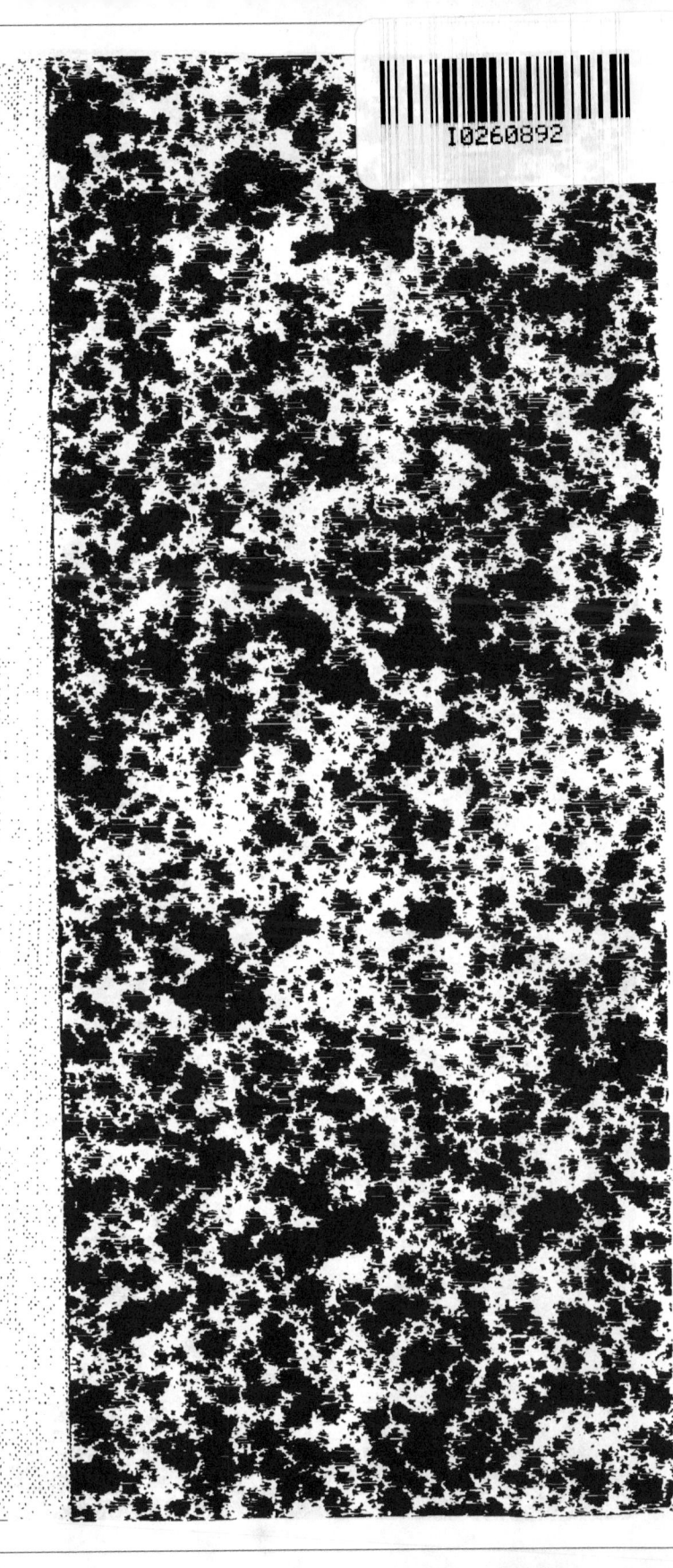

P.MANNE

COLBERT

MINISTRE DE LOUIS XIV

(1661 – 1683)

PAR M. JULES GOURDAULT

ORNÉ DE 4 GRAVURES SUR ACIER

TOURS

ALFRED MAME ET FILS

ÉDITEURS

BIBLIOTHÈQUE

DE LA

JEUNESSE CHRÉTIENNE

APPROUVÉE

PAR Mgr L'ARCHEVÊQUE DE TOURS

2e SÉRIE IN-12

PROPRIÉTÉ DES ÉDITEURS

COLBERT

Fouquet est amené à Vincennes. (Ch. 1.)

COLBERT

MINISTRE DE LOUIS XIV

(1661 – 1683)

PAR M. JULES GOURDAULT

—

TROISIÈME ÉDITION

TOURS

ALFRED MAME ET FILS, ÉDITEURS

—

1876

COLBERT

CHAPITRE I

COLBERT ET MAZARIN

Origine de Colbert; ses débuts; son portrait physique et moral. — Son entrée dans les bureaux de le Tellier; Colbert, commis de Mazarin. — Son rôle pendant la Fronde et l'exil du cardinal. — Avénement de la royauté absolue avec Louis XIV; Colbert devient homme public. — Vices et abus de l'administration financière. — Dilapidations de Foucquet; Colbert concourt à la chute de ce ministre.

I

Le cardinal de Mazarin mourut dans la nuit du 9 mai 1661 : c'était le quatrième des grands administrateurs qui avaient paru en France depuis un siècle. Le premier avait été le chancelier Michel de l'Hospital, ministre préparateur, qui commença de tracer les tables de la loi; le second, Sully, qui fut à la fois le conseiller et l'ami de son roi; le troisième, Richelieu, le plus hardi de tous, parce qu'il était en quelque sorte roi lui-même.

Par qui allait maintenant se continuer cette espèce de dynastie ministérielle, dont l'ère s'était ouverte avec les derniers Valois? Les uns nommaient Turenne; les autres, le maréchal de Villeroi, l'ex-gouverneur de Louis XIV, l'homme de cour par excellence; d'autres encore, le ministre de la guerre le Tellier et Foucquet le surintendant des finances : personne ne songeait à un homme assez peu en vue, à un *domestique* de Mazarin, comme dit Mme de Motteville dans ses *Mémoires*, qui avait paru bien souvent, depuis quelques jours, dans l'alcôve du cardinal. Celui-ci, à son lit de mort, l'avait cependant désigné formellement au roi, en lui disant : « Sire, je vous dois tout; mais je crois m'acquitter en quelque sorte avec Votre Majesté en vous donnant Colbert. » C'est ainsi que Richelieu, à son dernier soupir, avait recommandé Mazarin à la reine Anne d'Autriche.

Quel était cet homme qu'un ministre léguait officiellement à un roi?

Jean-Baptiste Colbert avait alors quarante-deux ans. Il était né à Reims le 29 août 1619, de Nicolas Colbert et de Marie Pussort, fille de Henri Pussort, seigneur de Cernay. C'était une famille de roture et de négoce : le grand-père était marchand de laine, à l'enseigne du *Long-vêtu;* le père avait successivement vendu du vin, des draps, puis de la soie. D'autres membres de la famille faisaient également, à Paris, à Troyes et à Lyon, le commerce de la draperie, des toiles, et même des blés. Tout jeune, Colbert avait été envoyé à Lyon et à Paris, pour y apprendre le commerce, la *marchandise*, comme on disait à cette époque; mais il ne resta pas longtemps dans le négoce; car on le retrouve bientôt à Paris, d'abord chez un notaire, puis chez un procureur du Châtelet[1], enfin dans le bureau d'un trésorier des *parties casuelles*[2]. Le futur ministre passait ainsi tour à tour par le monde des marchands, celui des gens de loi et des financiers. Il étudiait de près et sur le vif les diverses sortes d'affaires, se formant au contact des hommes et des choses, et acquérant de bonne heure une forte expérience. Pour lui, presque point d'enfance ni de jeunesse; pas un instant pour la distraction et le plaisir : les durs apprentissages l'avaient saisi, pour ainsi dire, dès le berceau, et, à l'âge des jeux insouciants, il creusait déjà son sillon dans une terre encore âpre et difficile. Son caractère naturellement ferme et austère, un peu rugueux même, en devint encore plus rude, mais aussi plus vigoureux. Son extérieur répondait à son humeur : c'était, dit Courtilz,

[1] Le *procureur* (du latin *procurator*, *pro*, *cura*, qui prend soin des intérêts d'autrui) répondait, sous l'ancien régime, à l'*avoué* d'aujourd'hui; c'était un officier public, prenant rang après l'avocat, et chargé d'instruire les causes des parties et de comparaître pour elles.

[2] On appelait ainsi les droits qu'on payait au roi pour les charges vénales (finance et judicature), quand elles changeaient de titulaire.

« un homme de taille moyenne, assez maigre, ayant des cheveux noirs et en petite quantité, ce qui lui fit prendre de bonne heure la calotte. » Mais le trait caractéristique de sa physionomie était, selon ses biographes, des sourcils épais sur des yeux creux, et un plissement de front redoutable, qui lui donnaient un air renfrogné. Obligé par les exigences d'un esprit lent et pénible de tendre sans cesse ses facultés et de s'appliquer avec effort, il prit, tout jeune, l'habitude de pénétrer à fond les questions et de s'acharner à l'étude; car la réussite, pour lui, était à ce prix. Il faisait comme ces voyageurs hardis et infatigables qui, dans les passages difficiles, plutôt que de lâcher pied, se frayent, s'il le faut, un chemin à coups de pic et de hache. Il en garda une grande puissance de concentration intérieure et une prodigieuse force de volonté. Chacune des idées dont Colbert poursuivit plus tard l'application avait longtemps germé en lui, y avait mûri peu à peu. En effet, cet « homme de marbre », *vir marmoreus*, comme l'appelait un de ses contemporains, Guy-Patin, n'eut pas en affaires le coup d'œil rapide et soudain d'un Condé sur le champ de bataille; mais, à défaut d'inspiration, le moment venu de se décider et d'agir, il faisait appel à ses études antérieures, passait en quelque sorte la revue des idées qu'il avait acquises et vérifiées au jour le jour, et bénéficiait ainsi, sans aucun effort apparent, d'une longue expérience et d'un travail opiniâtre. Dans la sphère restreinte où s'exerça d'abord son activité, il avait tout vu, tout compris, tout pesé : vienne la fortune pour lui ouvrir un plus vaste théâtre et l'engager dans les grandes mêlées de faits et d'idées, Colbert ne se fera pas défaut à lui-même; il sera vite au niveau de chaque situation, et sa puissante personnalité se mettra tout de suite en relief.

II

Colbert avait trente ans à peine quand l'occasion s'offrit à lui de montrer tout ce qu'il valait. Le ministre le Tellier, un dur travailleur aussi, aimait les hommes d'ordre et de labeur. Le fils du marchand de Reims lui fut présenté par un Colbert de Saint-Pouange, intendant de Lorraine. Des bureaux de le Tellier, qui possédait l'estime et la confiance de Mazarin, au cabinet du cardinal, il n'y avait qu'un pas; et le Tellier, qui avait pu apprécier les qualités de son nouveau commis, crut de son devoir de l'introduire chez le premier ministre. On était alors en 1649. Non content d'avoir aplani à son protégé le chemin de la fortune en lui ouvrant les portes de la maison Mazarin, le Tellier lui obtint le titre de conseiller d'État, et le mit ainsi à même de faire, dès l'année suivante, un riche mariage : il épousa Marie Charon, fille d'un ancien tonnelier et courtier en vins, devenu trésorier de l'extraordinaire des guerres.

Mazarin et Colbert n'eurent pas besoin de conférer longtemps ensemble pour se connaître et pour s'entendre. Ce n'était pas que les façons et le caractère du ministre italien, rusé, souple et caressant, fussent en parfaite harmonie avec la nature de Colbert, vrai type de simplicité et de roideur bourgeoise; mais bien des causes les rapprochèrent l'un de l'autre. D'abord, le jeune Colbert, comme s'il eût la prescience de son rôle futur, tout en aunant les étoffes, en supputant les colonnes de chiffres, ou en débrouillant des grimoires de procureur et des dossiers de procédure, suivait avec curiosité le cours des événements politiques, si graves alors; dès qu'il fut auprès de le Tellier, cette curiosité était devenue une étude, et il s'était mis au courant des hommes et des choses de son temps. Il avait compris que le cardinal Mazarin, sans avoir, comme Richelieu, les grandes et essentielles parties de l'homme d'État, était de beaucoup supérieur à ses adversaires de la cour, à cette coterie de la Fronde nobiliaire, à ces princes et seigneurs dont les rébellions ne pouvaient s'autoriser d'aucune idée sérieuse et politique. Ils n'avaient d'autre but et d'autre ambition que de supplanter à leur profit le ministre en faveur; des places dans le conseil royal, des gouvernements, des pensions, tel était l'objet de leurs convoitises; et Colbert, témoin de ces mutineries sans grandeur, où s'agitaient les dernières convulsions d'une féodalité aux abois, ne pouvait hésiter entre Mazarin et ses ennemis. Ce cardinal, que Richelieu, nous l'avons dit, avait désigné, en mourant, comme son successeur, continuait en somme, à sa manière, l'œuvre de son devancier. Obligé sans cesse de se défendre, n'ayant presque jamais la faculté d'attaquer, couvert seulement, dans les crises les plus violentes, par la tendre protection d'Anne d'Autriche, Mazarin ne fut pas un homme d'initiative et de vigueur à la façon de Richelieu; mais, au milieu de toutes les difficultés, cet étranger, cet Italien ne perdit jamais le sens de la vraie politique française inaugurée par Henri IV. Colbert, devançant sur ce point le jugement de la postérité, tenait compte à son chef de cette opiniâtre fidélité à des principes qui ont fait la grandeur de la France au XVIIe siècle.

Une autre question assurait encore le concert de ces deux hommes. Mazarin poussait l'économie jusqu'à l'avarice, au moins quant à ses propres deniers : or Colbert, par son éducation de comptoir et de négoce, allait d'instinct au retranchement de toute dépense inutile, et, sur ce point-là, le protecteur et le protégé ne pouvaient qu'être d'accord. S'agissait-il de trouver un moyen, un expédient pour faire rentrer ou retenir quelque argent dans les coffres de l'État, Colbert y pourvoyait, et le ministre lui en savait gré.

III

Dans la campagne de 1649 et 1650, Colbert suit le cardinal en Normandie, en Bourgogne, en Picardie, en Guienne et en Champagne; c'est lui que regardent les dépenses à faire, dans ce voyage, pour le service du roi. Pendant les années 1651 et 1652, moment critique pour le cardinal, qui est obligé de sortir du royaume et n'y rentre que pour voir sa tête mise à prix par le parlement de Paris, Colbert a de nombreuses occasions de rendre des services considérables à Mazarin. Sans doute sa tâche demeure vague et indéterminée, son rôle dépend surtout des circonstances : il n'est encore que le protégé de le Tellier, déjà distingué par le premier ministre, qui l'emploie sans titre officiel; mais son dévouement ne se dément pas. Il va même jusqu'à s'exposer à un péril de mort, un jour qu'au plus fort des troubles il franchissait une des portes de Paris. On raconte qu'un poste de frondeurs, maîtres de la barrière, et qui connaissait les accointances ministérielles de Colbert, lui courut sus au cri de : « Mort au Mazarin! » et, sans un détachement de la garde bourgeoise qui vint à son secours, on ne sait ce qui serait arrivé.

Pendant tout le temps que Mazarin, retiré hors de France, continue, grâce à l'ascendant qu'il conserva toujours sur l'esprit d'Anne d'Autriche, à gouverner le royaume par lettres, par dépêches et par émissaires, Colbert, devenu intendant en titre du ministre exilé, dirige activement toutes les affaires privées du cardinal, et commence même à prendre pied dans les affaires publiques. Il est en correspondance suivie avec Mazarin, qui ne manque jamais de lui répondre, louant beaucoup son zèle pour le service du roi et son ardeur à déconcerter les projets des parlementaires et autres. L'esprit rigide de Colbert ne devait voir, en effet, dans ces intrigues et ces mouvements confus de la Fronde que le génie d'indiscipline et de rébellion, qu'un attentat à la souveraineté royale et la mise en péril de l'ordre général. Colbert jugeait même que le cardinal ne se montrait pas assez ferme; il lui en voulait quelque peu de ses perpétuels ménagements, et dans plusieurs de ses lettres il lui reproche assez ouvertement de céder sans cesse devant l'orage, au lieu d'y faire tête.

Avec de pareilles dispositions, il était bien l'homme prédestiné à Louis XIV, le roi absolu et niveleur par excellence. Colbert avait accepté volontiers la tâche que Mazarin lui avait confiée, d'être en quelque sorte son représentant, son *alter ego* à Paris, d'agir avec pleins pouvoirs, non-seulement en ce qui concernait la gestion de l'énorme fortune du ministre, mais à l'égard de ses ennemis, qu'il était chargé de surveiller et, au besoin, de tenir en bride. En revanche, le cardinal le comble de marques d'estime, et ouvre largement pour lui sa cassette, si bien fermée d'ordinaire. Colbert, élevé au bruit des pièces d'or et d'argent, ne faisait pas fi des richesses; sans être aussi avide que son maître, il estimait chose naturelle de profiter d'une fortune inespérée pour enrichir sa famille, établir ses proches et se mettre lui-même à l'abri de tout fâcheux retour du sort. Il demande donc et obtient, pour lui et pour ses frères, canonicats, abbayes, lieutenances et charges diverses. Quand Mazarin, à force de persévérance et d'habileté, a surmonté enfin toutes les résistances et réduit à composition ses anciens adversaires, y compris les parlements, la faveur et la fortune de Colbert vont croissant. Sa probité, néanmoins, ne lui permet pas toujours de jouir sans scrupule des bénéfices de sa haute situation, et ses lettres prouvent qu'en maintes circonstances il ne craint pas de faire à son maître des observations : il s'émeut de telle ou telle opération financière, qu'il ne regarde pas, avec raison, comme suffisamment régulière; il avertit Mazarin des embarras et des dangers qui en résulteront forcément ; il le conjure de ne pas s'engager dans un dédale de « faussetés », d'ailleurs inutiles, les pratiques condamnables arrivant toujours à la connaissance de gens intéressés à les dévoiler. On sait d'ailleurs que ce n'était pas sur Mazarin que devait fondre la tempête amoncelée par les désordres financiers; le bouc émissaire devait être le surintendant Fouquet.

En 1659, Colbert fut chargé d'un rôle nouveau pour lui; c'était une mission diplomatique auprès du pape Alexandre VII : il s'agissait d'obtenir de ce pontife qu'il rendît le duché de Castro au duc de Parme, et qu'il aidât les Vénitiens à repousser les Turcs de Candie. Cette mission, qui ne dura pas moins de quatre mois, ne réussit pas, malgré les intelligents efforts de Colbert, et celui-ci revint à Paris vers le commencement de l'année 1660. Il y trouva le cardinal fort malade, prévoyant sa fin prochaine, et plein de scrupules tardifs à l'idée de l'immense fortune qu'il avait amassée. Colbert, consulté par lui à ce sujet, lui conseilla de se mettre en paix avec sa conscience en léguant tous ses biens à Louis XIV; le ministre fit, en effet, cette donation, mais à contre-cœur, et en se lamentant sur le sort de sa « pauvre famillle », qui, disait-il, « n'aurait pas de pain. » Heureusement ou malheureusement pour cette famille qui n'en sut pas bien user, le roi n'accepta pas ce legs opulent, et il en rendit à Mazarin la libre disposition.

C'est à la mort du cardinal que commence véritablement le rôle de Colbert comme homme public. Après l'avoir vu à l'œuvre, au second plan dans les modestes fonctions qu'il remplissait auprès du cardinal, nous allons le suivre et l'étudier comme ministre de Louis XIV.

IV

Bien qu'il eût fait ses premières armes auprès de Mazarin, Colbert avait pris pour modèle le cardinal de Richelieu, dont la nature entière et absolue répondait mieux à la sienne que le caractère fuyant et multiforme du ministre italien. Son admiration pour Richelieu se traduisait par une formule invariable, quelque chose comme le *ipse dixit* de l'élève parlant du maître : « Sire, ce grand cardinal de Richelieu, » disait-il en toute occasion à Louis XIV. Le roi le raillait même à ce propos, tout en lui sachant gré d'une préférence qui ne le rendait que plus propre à servir un monarque absolu.

A coup sûr, le disciple de Richelieu ne pouvait songer à régner au nom de Louis XIV comme le cardinal avait régné au nom de Louis XIII : les temps et l'homme étaient tout autres, et le nouveau roi prenait au sérieux son rôle de souverain. On l'avait bien vu à la mort de Mazarin, quand il s'était saisi impérieusement des affaires. « Sire, lui avait dit l'archevêque de Rouen, j'ai l'honneur de présider l'assemblée du clergé de votre royaume ; Votre Majesté m'avait ordonné de m'adresser à M. le cardinal pour toutes choses ; le voilà mort : à qui le roi veut-il que je m'adresse à l'avenir ? — A moi, monsieur l'archevêque, » répondit Louis XIV.

Ainsi la royauté, qui, selon le mot d'un historien [1], « avait fini par n'apparaître plus que comme une idée abstraite, redevenait tout à coup une personne. » D'abord, à la cour, on s'étonna, sans s'en inquiéter encore, de ce qu'un si jeune roi annonçât si résolûment l'intention de gouverner par lui-même sans premier ministre. Ce qui pouvait ajouter à l'étonnement, c'est que l'éducation de Louis, assez négligée, ne semblait pas l'avoir préparé à si grande entreprise; aussi ne crut-on pas beaucoup à cette subite impatience d'agir en maître. On n'y vit qu'une fantaisie peu durable chez le fils d'un monarque fainéant, chez un jeune prince que devait sans doute détourner bientôt sa passion pour les plaisirs, les chasses, les ballets, les spectacles. La reine Anne d'Autriche, sa mère, donnait elle-même à entendre qu'il se dégoûterait vite des arides études et des lourds travaux; elle y comptait bien pour elle-même, afin de ressaisir le pouvoir. Quant aux courtisans, qui ne croyaient pas davantage à la persistante initiative du roi, ils s'attendaient à voir se lever d'un jour à l'autre un nouvel astre à la cour, et ils épiaient les moindres marques de faveur accordées à tel ou tel personnage en passe de devenir premier ministre. Les moins pressés donnaient trois mois à Louis XIV pour revenir exclusivement aux plaisirs et laisser là, sinon les dehors et l'apparat, du moins la réalité de la puis-

[1] Henri Martin.

sance. Toutes les prévisions furent déçues ; car ce rôle fatigant de monarque toujours présent et toujours attentif aux affaires, le jeune Louis devait le soutenir sans défaillance durant plus d'un demi-siècle. Du reste, la clairvoyance de Mazarin ne s'y était pas trompée, bien qu'il n'eût cessé de tenir le fils de Louis XIII comme en tutelle : « Il y a en lui, disait-il, de l'étoffe pour faire quatre rois et un honnête homme... Il se mettra en chemin un peu tard ; mais il ira plus loin qu'un autre. »

Certes, le prince qui sut, dès les premiers moments de son règne, s'imposer à lui-même un règlement sévère [1], déterminer rigoureusement ses

[1] « Le roi succéda au royaume de France le jour de la mort de Louis XIII son père, n'ayant alors que quatre ans ; mais on peut dire que le jour de la mort du cardinal (Mazarin) fut véritablement celui de son avénement à la couronne, celui où il commença d'être roi, et de faire voir qu'il était digne de l'être ; car ce fut alors qu'il voulut prendre lui-même le soin de toutes ses affaires, et que toutes les grâces qu'il pouvoit répandre sur les grands et sur les petits ne dépendissent que de lui. Pour cela, il commença de régler sa vie de cette manière : il prit la résolution de se lever à huit ou neuf heures, quoiqu'il se couchât fort tard. Environ à dix heures, le roi entroit au conseil et y demeuroit jusqu'à midi ; ensuite il alloit à la messe ; et le reste du temps, jusqu'à son dîner, il le donnoit au public, et aux reines en particulier.

« Après le repas, il demeuroit souvent et assez longtemps avec la famille royale ; puis il retournoit travailler avec quelques-uns de ses ministres. Il donnoit des audiences à qui lui en demandoit, écoutant patiemment ceux qui se présentoient pour lui parler. Il prenoit des placets de tous ceux qui lui en vouloient donner, et y faisoit réponse à certains jours qui étoient marqués pour cela... »

occupations, non-seulement de chaque jour, mais presque de chaque heure, tenue du conseil secret, du conseil des dépêches, du conseil privé, etc..., et s'y astreindre pendant toute sa vie avec une constance infatigable, était digne d'avoir pour auxiliaire un travailleur tel que Colbert. Celui-ci, de son côté, arrêta sans hésiter son plan de conduite définitif, et il devait s'y conformer jusqu'au bout, comme Louis XIV à ses maximes de gouvernement personnel.

Le premier acte du roi fut de supprimer la surintendance ; il se chargea lui-même de la gestion des finances, sauf à s'éclairer des lumières d'un conseil composé d'un petit nombre de membres. Toutefois Colbert, sans avoir le prestige des grands titres, possédait déjà une prépondérance qu'il conservera jusqu'au moment où, pour le malheur de

« Comme le seul désir de la gloire et de remplir tous les devoirs d'un grand roi occupoit alors son cœur tout entier, en s'appliquant au travail, il commença de le goûter, et l'envie qu'il avoit d'apprendre toutes les choses qui lui étoient nécessaires fit qu'il y devint bientôt savant. Son grand sens et ses bonnes intentions firent connoître les semences d'une science universelle, qui avoient été cachées à ceux qui ne le voyoient pas dans le particulier ; car il parut tout d'un coup politique dans les affaires d'État, théologien dans celles de l'Église, exact en celles de finance, parlant juste, prenant toujours le bon parti dans les conseils ; sensible aux intérêts des particuliers, mais ennemi de l'intrigue et de la flatterie, et sévère envers les grands de son royaume, qu'il soupçonnoit avoir envie de le gouverner. »

(*Mémoires de M*^{me} *de Motteville*, t. IV, p. 253, édit. de M. F. Riaux.)

la France, le ministre de la guerre Louvois le ruinera dans l'esprit du maître. Le mérite personnel de Colbert avait seul fait son élévation ; car, on le sait, Louis XIV aimait les *hommes nouveaux*, comme on disait à Rome ; de son côté, le jeune ministre dissimulait prudemment son autorité, au lieu de la mettre en évidence, et il avait soin de rapporter sans cesse au roi l'honneur de l'initiative dans les plus grands actes ; il avait compris que le maintien de son influence serait à ce prix. A lui, les soucis, les fatigues du détail, les difficultés de l'exécution, les aigreurs, les haines des particuliers et du peuple ; au roi, les éloges publics et la reconnaissance de la nation : de cette façon, le monarque, déjà *roi-soleil*, sera le foyer lumineux où convergeront tous les rayons ; il sera le dispensateur de toute grâce, et il pourra dire dès lors de bonne foi, dans un accès d'orgueil presque titanique : « Il me semble qu'on m'ôte de ma gloire, quand, sans moi, on en peut avoir. »

V

Les premières réformes de Colbert portèrent et devaient porter sur les finances.

On a du mal à comprendre aujourd'hui ce qu'était l'administration financière de l'ancienne monarchie, particulièrement à la mort de Mazarin. D'abord, les revenus de l'État étaient régulièrement dépensés deux ou trois ans à l'avance; en outre, des sommes levées pour le trésor (80 millions environ), 31 millions à peine y rentraient [1]; le reste était prélevé ou détourné par les agents du fisc. Quand on avait besoin d'argent, on s'adressait aux gens qui, sous le nom de *partisans*, prenaient alors les impôts *à partis*, c'est-à-dire d'après des conventions abusives qui leur permettaient, selon l'expression d'Étienne Pasquier dans ses *Lettres*, « d'avancer la moitié ou le tiers du denier pour avoir le tout. » Les financiers, ayant en main le nerf souverain, l'argent, disposaient d'une énorme puissance; on les pendait bien quelquefois, ou, comme on disait en ce temps-là, on les forçait à *rendre gorge*, quand leur fortune s'était faite d'une façon trop scandaleuse; mais, comme on avait sans cesse besoin de leur concours, il fallait bien revenir à eux, et subir leurs exigences. Les *traitants*, qui avaient détourné une partie des fonds publics, s'en servaient pour avancer de l'argent au trésor, moyennant un taux exorbitant, en sorte que le dommage était double pour le fisc.

Afin de remplir les coffres de l'État, on avait aussi recours à des créations d'*offices*, c'est-à-dire de fonctions qu'on vendait le droit d'exercer; ou bien encore on altérait les monnaies, non plus, il

---

[1] Les dépenses excédaient 50 millions de livres; il y avait donc, chaque année, un déficit considérable.

est vrai, d'une manière aussi ouverte qu'au temps de Philippe le Bel ou de quelques-uns de ses successeurs; mais, en somme, on les altérait. Puis, tantôt on tirait parti de la vanité : on anoblissait, moyennant finance, de simples officiers municipaux; tantôt on accordait, pour une certaine somme, l'exemption de la taille à un habitant par paroisse; tantôt on augmentait le prix du sel, ou l'on élevait les droits, déjà si forts, qui pesaient sur le commerce et sur l'industrie.

La *taille*, qui était à 44 millions à la mort de Richelieu, avait encore monté sous le ministère souvent besoigneux de Mazarin. Cet impôt, qui portait sur les biens en général, était surtout onéreux parce qu'il était mal réparti : il n'y avait guère qu'un tiers de la population qui le payât, et encore la contribution était-elle en raison inverse des ressources. Il est à propos d'expliquer sommairement ce mécanisme, afin que l'on comprenne plus aisément l'exposé des faits qui vont suivre et le sens des réformes accomplies par Colbert.

Le conseil fixait la somme à payer par chaque *généralité;* la *généralité* était une circonscription financière aussi bien que politique; puis les intendants, à leur tour, déterminaient la quotité à fournir par chaque *élection* de la généralité et par chaque *paroisse* de l'élection. Qu'arrivait-il? Dès que l'arrêt du conseil était rendu, les personnes en crédit, les seigneurs faisaient leur cour à l'intendant de la province pour obtenir que leurs paroisses fussent soulagées aux dépens des autres, et, chaque paroisse une fois imposée en bloc, le même manége recommençait auprès des *collecteurs*, chargés de répartir la taille sur les particuliers. Il en résultait que les gens du seigneur, ceux des gentils-hommes de quelque figure, ceux des hommes de justice, procureurs ou même sergents, sans compter les parents et amis, enfin, comme dit le fabuliste, « tous les gens querelleurs, jusqu'aux simples mâtins, » étaient traités avec douceur et ménagement. La charge était donc d'autant moins lourde qu'on était mieux en état de la supporter. Comme il fallait pourtant que le receveur eût son compte, le fardeau retombait alors sur les gens de métier modeste ou de petite industrie, qui répondaient solidairement. Le collecteur, qui, de son côté, avait à répondre pour sa paroisse, comme le *curiale* de l'empire romain, ne se mettait pas en campagne sans trembler, car les paysans l'accueillaient d'ordinaire avec force injures et malédictions ; souvent même il y avait collision entre les manants et les soldats chargés du recouvrement, et parfois ceux-ci étaient battus ; en effet, à de certains moments, l'exaspération était telle que les résistances individuelles se changeaient en révoltes collectives. En 1658, par exemple, plusieurs provinces s'étaient soulevées contre la taille ; les paysans de la Sologne, sous le nom de *Sabotiers*, avaient pris les armes, et les populations de Normandie et de Saintonge en avaient fait autant. Ces insurrections n'étaient que trop facilement écrasées ; mais le germe du mal n'en subsistait pas moins.

Quand le collecteur ne réussissait pas à trouver de l'argent dans les campagnes, les *huissiers* commençaient leurs *exécutions* sur les paroisses, dont on saisissait en masse solidaire les blés ou les bestiaux. On le conçoit assez, le contribuable ne payait que sou à sou, après contrainte, et dissimulait le plus qu'il pouvait de ses ressources ; car la moindre marque d'aisance lui valait, l'année suivante, une charge d'impôt double ou triple. Chacun prenait donc le parti de consommer ou d'acheter le moins possible : on évitait d'accroître son bétail, d'engraisser ses terres, ou de défricher celles qui étaient incultes, et par crainte de la ruine on se condamnait volontairement à la misère ou à son apparence [1]. Aussi les paysans quittaient-ils de toutes parts les campagnes pour les villes, où l'on avait mille moyens de s'exempter du poids de la taille et où l'on échappait à la dure obligation de lever cette taille, en qualité de collecteur paroissial. « Il n'y a pas un point sur lequel tous les documents de l'ancien régime soient mieux d'accord : on ne voit presque jamais dans les campagnes, disent-

---

[1] Il faut, bien entendu, mettre à part les *pays d'états*, qui, en vertu des traités de réunion à la couronne, avaient conservé le droit de s'administrer eux-mêmes, comme le Dauphiné, le Languedoc, la Bretagne, etc., de répartir et lever, suivant l'assiette qu'ils préféraient, les impôts royaux et ceux qu'on leur permettait d'établir pour subvenir à leurs propres besoins.

ils, qu'une génération de paysans riches. Un cultivateur parvient-il par son industrie à acquérir enfin un peu de bien, il fait aussitôt quitter à son fils la charrue, l'envoie à la ville et lui achète un petit office. C'est de cette époque que date cette sorte d'horreur singulière que manifeste souvent, même de nos jours, l'agriculteur français pour la profession qui l'a enrichi. L'effet a survécu à la cause[1]. »

Si, des tailles, nous passons aux *aides*, c'est-à-dire aux impôts de consommation, nous trouvons mêmes procédés et mêmes abus : comme l'imagination des traitants et partisans travaillait sans cesse à tirer de l'impôt le plus qu'il pouvait donner, des droits supplémentaires s'ajoutaient continuellement au droit primitif, de sorte que l'impôt finissait par atteindre, ou même par dépasser les valeurs imposées. Il en résultait que les petites gens, c'est-à-dire le plus grand nombre, ne buvaient que de l'eau claire, ce qui ruinait les vignobles. Les commis des fermiers des aides, qui étaient à la fois juges et parties dans les contestations, et que l'on gratifiait, d'ailleurs, du tiers des amendes et confiscations, ne se faisaient pas faute de vexer les hôteliers et débitants, multipliaient chez eux les visites domiciliaires, et, pour n'avoir pas à se déranger au delà d'un certain rayon, supprimaient toutes les auberges trop éloignées de leur résidence,

[1] De Tocqueville, *L'Ancien Régime et la Révolution.*

si bien qu'on faisait parfois un parcours de sept à huit lieues sans rencontrer une hôtellerie où l'on pût trouver un morceau de pain à manger.

Voulait-on faire soi-même ses provisions de vin, il fallait aller à un bureau souvent éloigné pour lever attestation de la quantité prise. Que de temps perdu! sans compter l'ennui d'attendre, souvent par le vent et la pluie, que les commis et que les jaugeurs daignassent faire leur office. La moindre erreur ne pouvait s'acquitter qu'au moyen de présents à ces personnages, sous peine de voir confisquer la marchandise et la voiture. Aussi plus d'un vigneron, ne pouvant plus vendre ses denrées, arrachait ses plants, et souvent le sol, impropre à d'autres cultures, demeurait en friche.

Enfin les *douanes intérieures* ruinaient le commerce à force d'entraves. Ce qui venait du fond de l'Asie ne faisait que quadrupler de prix par la distance; mais ce qui passait d'une province à l'autre revenait à dix, quinze, vingt fois plus cher, et le vin d'un sou à Orléans valait à Rouen vingt-quatre sous. Les communications de grand trafic étaient dès lors interrompues, et les provinces demeuraient comme étrangères les unes aux autres, si bien qu'on était exposé à mourir de faim, à quelques lieues d'une localité où les blés pourrissaient sans consommateurs. La Loire, le grand chemin de la France centrale, était hérissée de péages, moulins, pêcheries et barrages. Les droits de *rêve*, de *haut-passage, d'imposition foraine,* bien que réunis en une seule ferme depuis François Ier, se percevaient encore, à l'avénement de Louis XIV, dans des bureaux divers et d'après des tarifs trop inégalement répartis. En Normandie, par exemple, on percevait un droit de cinq sous par muid de vin, et un droit d'un écu par tonneau; les cartes à jouer, le papier, étaient également matière à traite domaniale. « Il était presque impossible, dit Colbert lui-même, qu'un si grand nombre d'impositions ne causât beaucoup de désordres, et que les marchands pussent en avoir assez de connaissance pour en demêler la confusion, et beaucoup moins leurs facteurs, correspondants et voituriers, qui étaient toujours obligés de s'en remettre à la bonne foi des commis des fermiers, qui était souvent fort suspecte. » En effet, quel recours avait-on contre ces fermiers des douanes, qui, comme ceux des aides, étaient à la fois juges et parties? Leurs violences dépassaient parfois toute mesure, et il n'était pas rare de voir démolir une maison de 10,000 écus, dont on vendait le plomb et le bois, pour en tirer une somme de 4 à 600 francs que le propriétaire devait au fisc.

Tel était l'ensemble et le mécanisme du système d'impôts[1] que Colbert voulait, non pas réformer radicalement, — cette pensée ne pouvait pas venir à un ministre du XVIIe siècle, — mais du moins améliorer dans les limites possibles.

---

[1] Pour les *gabelles*, voir notre chapitre II.

VI

Le premier objet était de ramener l'ordre et la probité dans la gestion des finances. Le protégé de Mazarin, nous l'avons dit, n'avait pas peu souffert des déprédations commises sous son patron; mais le moyen de les arrêter? Que faire contre un ministre qui donnait lui-même l'exemple du détournement, qui prélevait près de 30 millions par an sur le trésor public, et qui s'instituait d'office le fournisseur des armées et de la marine? Colbert ne pouvait qu'en appeler à la conscience, ou plutôt à la charité du cardinal, en lui mettant devant les yeux la misère générale des peuples. Chargé par lui de visiter le duché de Nevers, en 1660, il lui écrit : « Partout je trouve ce que je n'ai que trop souvent dit à Votre Éminence, c'est-à-dire une désolation et une ruine universelles. » A la mort du cardinal, il y avait dans tel pays, dans le Berri, par exemple, des paroisses de deux cents feux où deux maisons seulement avaient du pain.

Nicolas Foucquet, qui avait la surintendance depuis l'année 1653, essayait de cacher au roi la triste situation financière du pays, en présentant des états de dépenses et de recettes inexacts. Dès le mois d'octobre 1659, Colbert avait dénoncé le fait à Mazarin; mais Mazarin, qui était complice des profusions et des intrigues du surintendant, ne pouvait le frapper sans se frapper lui-même. N'osant le poursuivre, il le ménageait, le caressait même; tandis que Colbert, témoin indigné du gaspillage des fonds publics, observait dans l'ombre tous les manéges de Foucquet, et attendait l'occasion d'agir contre lui. Tant que Mazarin vécut, le surintendant fut inattaquable; le cardinal mort, Foucquet continua de fournir au roi des états financiers dont Colbert s'attachait, de son côté, à démontrer chaque jour la fausseté à Louis XIV. L'irritation du monarque était grande, lorsque la fameuse fête de *Vaux* (17 août 1661), où Foucquet dépassa les splendeurs des maisons royales de Saint-Germain et de Fontainebleau, y mit le comble. Nous n'avons pas à faire ici le détail de cette célèbre disgrâce; il nous suffira de dire que Colbert fut un de ceux qui contribuèrent le plus à la perte de Foucquet. Il y porta même un acharnement que l'on pourrait mettre au compte de son honnêteté s'il n'avait dû hériter de celui qu'il poursuivait. Son excuse, c'est le souci de la chose publique : il sentait en lui des facultés inactives, dont l'emploi pouvait être utile à la France; un seul obstacle, le surintendant, le séparait du but ardemment convoité, et Colbert, qui n'était qu'un homme, après tout, n'eut pas la vertu de montrer, en cette circonstance, du désintéressement ou, tout au moins, de la générosité.

On sait que Foucquet, attiré dans le voyage de

Bretagne par les habiles flatteries du roi et de la cour, fut arrêté à Nantes, conduit prisonnier au château d'Angers, puis enfermé à Vincennes, et enfin condamné à passer le reste de ses jours dans la citadelle de Pignerol. L'instruction de son procès prit trois années. Il paraît avéré aujourd'hui que Foucquet ne fut, comme Vérès, le proconsul romain, qu'une victime expiatoire payant pour toute une légion de coupables. Le principal tort de cet illustre malversateur, à la décharge de qui il faut porter plus d'une mesure véritablement utile à l'État, plus d'une idée juste et saine, dont Colbert lui-même fera bientôt son profit, ce fut de s'être exposé, par une compétition trop ambitieuse, non-seulement au déplaisir, mais au ressentiment du roi ; dès lors rien ne pouvait le sauver.

Foucquet, rappelons-le, rejeta sur Mazarin, le ministre défunt, la responsabilité de la plupart de ses actes les plus irréguliers ; il affirma que Colbert, pour mettre à couvert la mémoire du cardinal, avait soustrait du dossier les pièces les plus importantes ; ce qu'il y a de certain, c'est que toute la haute société d'alors était de complicité avec lui. « Sur la même liste où figuraient, dit un historien de *l'Impôt en France*[1], les 12,000 livres de gages payées au poëte Scarron, figuraient aussi 100,000 livres remises à la première

---

[1] Clamageran, t. II, p. 602.

femme de chambre de la reine, 100,000 au marquis de Créqui, 200,000 au duc de Brancas, 200,000 au duc de Richelieu. Les gens de robe avaient reçu des gratifications ; presque tous étaient directement ou indirectement intéressés dans les affaires des traitants. Avec Foucquet s'écroulait tout un échafaudage de fortunes scandaleuses. A la cour, au palais, et même dans le sein de la grosse bourgeoisie, bien rares étaient ceux qui n'avaient pas à se reprocher quelques bénéfices illicites. Depuis Sully, c'est-à-dire depuis un demi-siècle, l'intégrité dans les affaires publiques était passée à l'état de vertu extraordinaire, inouïe, presque surhumaine. On trouvait Foucquet plus malheureux que coupable ; les lenteurs du procès, la pression exercée sur les juges par les gens du roi plaidaient en sa faveur. Les plus sévères, ceux qui acceptaient avec joie la condamnation du passé, et qui voyaient dans les rigueurs de la justice les préludes d'un ordre de choses nouveau, ceux-là mêmes éprouvaient quelque amertume en songeant que l'ennemi le plus acharné de Foucquet, et son successeur immédiat, n'était autre que l'ancien commis de Mazarin. »

Ainsi, la condamnation de Foucquet était celle du système administratif et de la gent financière, contre les procédés desquels nous allons voir Colbert réagir avec une vigoureuse obstination.

CHAPITRE II

LES FINANCES ET LES IMPOTS

Plan général de réformes. — Le budget ou état de prévoyance annuel; les ordonnances de comptant. — Opérations de la chambre de justice de 1661; réduction des rentes. — Suppression d'offices; la vénalité. — Disette de 1661; misère effrayante. — Le paupérisme et la mendicité; efforts de Colbert pour soulager les maux du pays. — Diminution de la taille; la taille personnelle et la taille réelle; projet de cadastre; révision des titres de noblesse et d'exemption. — Les fermes : aides et gabelles; réforme des monnaies.

I

Avant d'entrer dans tous les détails du rôle financier de Colbert, il importe de préciser l'idée générale de son système.

Ses conceptions peuvent se classer sous sept chefs différents. Il voulait : 1° réduire les charges de l'État et en augmenter les revenus par trois moyens principaux : la révision de tous les titres de créance; la diminution du nombre des offices, et la réforme des mauvaises pratiques administratives; 2° soulager le *pauvre commun*, en faisant rentrer dans la foule des contribuables

COLBERT

Après les troubles de la Fronde, une foule de soldats licenciés vivaient aux dépens du pays. (Ch. II.)

tous les privilégiés qui avaient obtenu sans droit l'exemption des charges; en corrigeant dans la perception tous les abus dont nous avons parlé plus haut; enfin, en diminuant les deux impôts qui pesaient surtout sur les paysans, sur « le bonhomme », c'est-à-dire la *taille* et la *gabelle;* 3° augmenter, en revanche, le produit des impôts indirects, c'est-à-dire des *aides*, qui atteignaient toutes les classes indistinctement; 4° restreindre l'importance des classes supérieures (noblesse, gens de justice et de finance), au profit des classes agricole, commerçante et industrielle, mieux protégées désormais contre l'arbitraire et la violence; ramener vers les professions utiles les capitaux jusqu'alors dévorés par la chicane et par l'achat de charges ou offices; constituer, dans cette vue, une puissante industrie manufacturière et un vaste commerce national; 5° donner au dehors à ce commerce, pour véhicule, une grande marine marchande, et, pour bouclier, une forte marine militaire; 6° améliorer les conditions de l'agriculture, non-seulement en diminuant, comme nous l'avons dit, les impôts les plus criants qui la grevaient, mais en favorisant la multiplication du bétail, en aménageant mieux les eaux et forêts, en créant de nombreuses voies de communication par terre et par eau; 7° enfin, donner l'essor au génie français en favorisant, par toutes sortes d'encouragements, le développement des lettres, des arts et des sciences.

II

Tel fut le plan que, durant onze années surtout, de 1661 à 1672, Colbert s'efforça de réaliser dans les diverses parties de l'administration. Plus tard son action, paralysée par celle de Louvois, n'aura plus qu'une médiocre efficacité : après avoir inspiré le roi dans le sens des institutions utiles et durables, il sera réduit à disputer pied à pied, dans l'intérêt du bien public, les reliefs de sa grande entreprise. De là deux périodes dans l'histoire de Colbert, comme dans celle de bien des grands hommes : la période de grandeur, et celle de décadence; mais ici la décadence ne viendra pas d'un affaiblissement de la personne ou des facultés; elle sera le résultat d'une disgrâce imméritée, fatale au roi et au pays.

Dans le mémoire que Colbert rédigeait, en 1659, contre Foucquet, et qu'il adressait à Mazarin, on trouve indiquées en germe toutes les réformes dont il devait poursuivre l'accomplissement et que nous avons ci-devant résumées. Une idée principale domine ce mémoire, à savoir la « maxime d'ordre » substituée à la « maxime de confusion », et la probité succédant à la malversation. Deux ans après, en septembre 1661, Colbert était prêt; ous ses projets étaient mûris et arrêtés; il ne lui restait plus, maintenant qu'il disposait d'un pouvoir suffisant, qu'à passer de la théorie à la pratique.

Pour substituer, comme il le voulait, la « maxime d'ordre » à la « maxime de confusion », il fallait le génie particulier qu'il avait, celui de la précision. La première condition était d'établir la régularité des écritures, la clarté des règlements, la subordination et la liaison des services. « Il faut, écrivait-il, rendre la matière des finances si simple, qu'elle puisse être facilement entendue par toutes sortes de personnes, et conduite par peu de personnes. Il est certain que tant plus elle sera facilement entendue et conduite par moindre nombre de personnes, tant plus elle approchera de la perfection. »

Pour assurer la netteté des comptes, il fit ouvrir d'abord trois registres : sur l'un, le *registre-journal*, étaient inscrites, par ordre de dates, les dépenses et les recettes ; l'autre, le *registre des dépenses*, mentionnait les dépenses, par ordre de matières, avec l'indication des fonds sur lesquels elles étaient *assignées ;* sur le troisième, appelé *registre des fonds*, étaient consignées les recettes, par ordre de matières également, et en répétant, pour le contrôle et la concordance, l'indication des dépenses assignées sur chaque article.

En 1667, le livre particulier des dépenses parut inutile ; on le supprima et l'on se contenta de faire tous les mois un abrégé des registres, d'après lequel le roi arrêtait l'état de la recette et de la dépense. Louis XIV avait en outre un *agenda* de poche, sur lequel il faisait inscrire un résumé de la situation des finances pendant l'année courante, comparée avec celle de l'année 1661, considérée comme point de départ. Tous les ans, d'ailleurs, au mois d'octobre, on fixait le budget provisoire de l'année à venir ; puis, au mois de janvier ou de février, on dressait ce qu'on appelait « l'état au vrai », c'est-à-dire qu'on réglait le budget définitif de l'année révolue. Quant aux recettes de chaque mois, elles étaient fixées à l'avance, suivant un chiffre de versement auquel s'engageaient les fermiers et les receveurs ; ces recettes étaient inscrites sur un bordereau remis au *garde du trésor,* fonctionnaire qui remplaçait le *trésorier de l'épargne,* institué par François Ier. Si, au jour fixé, la recette n'était pas rentrée, le retardataire était frappé d'un commandement, et la poursuite suivait de près. Enfin, le registre du garde du trésor était vérifié tous les mois par Colbert, et tous les six mois par le roi.

Nous avons parlé de l'assignation ; il faut expliquer ce que c'était : *l'assignation,* en termes de finances, était une ordonnance aux trésoriers pour payer une dette sur un fonds déterminé. Avant Colbert, c'était l'occasion de nombreux abus ; car il arrivait souvent qu'une assignation donnée à un créancier de l'État portait sur un fonds déjà épuisé ; dans ce cas, le créancier, qui ne pouvait obtenir paiement, vendait à vil prix son titre à quelque financier ayant assez de crédit pour se faire réassigner sur un fonds meilleur.

Un autre abus, non moins grave, c'était celui des *ordonnances de comptant*, sur lesquelles l'objet de la dépense n'était pas indiqué. Le roi se bornait à écrire en marge de ces titres au porteur : *Je sais l'emploi de cette somme.* On lit dans un édit de 1669 : « Ces ordonnances, établies pour les dépenses secrètes de l'État, les prêts et les affaires extraordinaires, et pour suppléer, dans les besoins pressants, aux revenus ordinaires, ont donné lieu à une infinité de pièces fausses et simulées; et il en a été délivré, de 1655 à 1660, pour trois cent quatre-vingt-cinq millions, qui ont servi à consommer criminellement tous les revenus. »

Colbert, ne pouvant songer à supprimer un mal qui tenait à l'essence même du gouvernement absolu, voulut du moins l'atténuer; il obtint de Louis XIV que les ordonnances de comptant seraient signées par le roi lui-même, après examen des motifs réels de la dépense, et qu'une fois acquittées, elles seraient brûlées et remplacées par un *état de certificat collectif*, qui serait envoyé à la chambre des comptes. Tout cela n'empêcha pas que l'émission de ces ordonnances ne fût encore de sept millions par an en moyenne, y compris un million qui était le « comptant du roi », pour sa dépense tout à fait secrète et personnelle, dont il n'était rendu compte à personne, pas même à Colbert.

III

Ces essais de réorganisation tendaient à régler l'avenir; mais, pour rétablir l'ordre dans le présent, il importait de faire un exemple et de châtier le passé. A cet effet, un édit du mois de novembre 1661 institue une chambre de justice chargée de vérifier tous les comptes des financiers et de punir, au besoin, leurs malversations. Ce mot de « chambre de justice » était fait déjà pour inspirer une crainte salutaire. Plus d'une fois on avait eu recours, sous les règnes précédents, à « des chambres ardentes »; mais presque toujours le crédit et la fortune des accusés les avaient soustraits à la rigueur des lois. Il ne fallait pas qu'il en fût ainsi en 1661 : ordre fut donc signifié à tout officier comptable exerçant depuis 1635, et à tous les fermiers du roi ou à leurs ayants cause, de fournir « un état justifié des biens dont ils avaient hérité, des acquisitions faites par eux ou sous des noms supposés, des sommes données à leurs enfants, soit par mariage, soit pas acquisition de charges ». L'ordonnance engageait à dénoncer tous ceux qui retenaient des sommes appartenant au roi, « qui s'étaient fait donner des charretées de paille, foin et avoine, tant de gibier et de poisson, que, leurs maisons fournies, ils en faisaient revendre pour beaucoup d'argent, le tout par les contribuables, pour en être taxés favorablement et soulagés; » on engageait aussi à dénoncer ceux qui « avaient fait usage de fausses balances pour peser les écus d'or, et qui avaient dressé de faux procès-verbaux ».

Ce fut dès lors un sauve-qui-peut général parmi la foule trop nombreuse des gens compromis. Les uns se cachaient, les autres plaçaient en lieu sûr leurs bijoux et leur vaisselle d'argent; d'autres mettaient, par substitution, leurs biens au nom de tiers. Les coupables espéraient que, passé le premier moment de rigueur, il en serait comme d'habitude, qu'on renoncerait bientôt aux sévérités, et chacun ne songeait qu'à laisser passer l'orage ; mais on se trompait. La chambre de justice, « la terreur de Colbert, » comme on l'a nommée, fut inexorable : plusieurs financiers considérables, des trésoriers de l'épargne, gens puissants par eux-mêmes et par leurs relations, des fermiers des gabelles qui avaient su faire, en peu de temps, une fortune énorme, et avaient scandalisé la France par le faste de leur maison, de leur train, de leur table, furent arrêtés et mis à la Bastille.

Ces exécutions n'étaient que la suite logique du procès de Foucquet. L'arrêt de la chambre de justice avait été, suivant la coutume, « lu et publié à son de trompe et à cri public, » par tous les carrefours de Paris et dans les quartiers suburbains ; on n'avait négligé aucune précaution : non-seulement on avait décrété les coupables de prise de corps, mais on avait apposé les scellés sur leurs meubles et leurs papiers. Enfin, pour plus de sûreté, on avait défendu aux gouverneurs des places frontières et à tous les capitaines de navire, sous peine d'avoir à en répondre personnellement, de prêter la main à l'évasion d'aucun des financiers compromis. C'était, on le voit, une sorte d'état de siége prononcé contre ce monde scandaleux du vol et du péculat. La chambre de justice étendait ses mille bras à la fois par toute la France; car elle avait des subdélégués dans les provinces. Plus d'un sergent ou receveur des tailles fut pendu, et les plus riches ou les plus puissants n'échappèrent à la mort qu'en s'exilant. La chambre dura ainsi jusqu'en 1669, et recouvra pendant ce temps plus de cent millions.

Dans cette chasse aux larrons, Colbert avait pour lui et derrière lui la classe moyenne, bourgeoise, et aussi le menu peuple, qui de tout temps s'est plu à ces revanches éclatantes contre ceux qui l'oppriment. La grande opération que le ministre entreprit pour la réduction des *rentes* fut moins bien accueillie. On sait que, sous l'ancienne monarchie, la dette n'était pas unifiée comme elle l'est de nos jours; c'était un véritable chaos : « autant il existait de natures de recettes, autant de variétés de rentes. Les unes étaient constituées sur les tailles, d'autres sur les gabelles, celles-ci sur les fermes, celles-là sur l'hôtel de ville, dont les revenus patrimoniaux en répondaient, ce qui leur donnait plus de solidité, plus de valeur qu'aux autres, et les faisait particulièrement rechercher de la classe bourgeoise de Paris et des familles de robe [1]. »

Qu'était-il arrivé? A la faveur du gaspillage antérieur des finances, les fonds destinés au paiement de ces rentes avaient été détournés, et il se produisait dès lors quelque chose d'analogue à ce qu'on voit aujourd'hui dans les spéculations de bourse : il y avait des moments où la rente baissait considérablement; ceux qui étaient à l'affût de ces variations achetaient des titres à vil prix, et, quand la valeur remontait, il en résultait pour eux de gros bénéfices. Or la chambre de justice, revenant sur ces opérations, obligea ceux qui en avaient profité à rembourser l'excédant, plus les intérêts de cet excédant. Tout cela, on le peut comprendre, n'alla pas sans quelque bruit ou sans quelques protestations [2], et la municipalité de Paris fut la première à se plaindre; mais Colbert tint

---

[1] M. Pierre Clément, *Histoire de la vie et de l'administration de Colbert*.

[2] On se rappelle les vers de Boileau, au sujet de la suppression d'un quartier de rentes :

> Quel sujet inconnu vous trouble et vous altère ?
> D'où vous vient aujourd'hui cet air sombre et sévère,
> Et ce visage enfin plus pâle qu'un rentier,
> A l'aspect d'un arrêt qui retranche un quartier ?
>
> (*Repas ridicule.*)

Le chevalier de Cailly, qui publia ses poésies sous le

ferme, car il était déjà complétement maître de l'esprit du roi. Il faut le dire, la justice absolue n'était pas toujours du côté du ministre dans ces mesures de recouvrement : des particuliers qui avaient acquis des rentes, de bonne foi peut-être, en les voyant réduites à rien par un simple arrêt du conseil, étaient bien fondés à réclamer vivement ; le bénéfice des acquéreurs avait été excessif sans doute : mais qui avait le droit de juger rétroactivement en cette matière ? L'acte de Colbert était donc, par le fait, assez arbitraire : mais c'étaient là les mœurs du temps.

C'est d'après les mêmes usages qu'on annula les traités en vertu desquels, dans un grand nombre de villes, l'exploitation de l'octroi avait été aliénée à vil prix à des particuliers ; toutefois, c'est ainsi encore qu'on remit l'État en possession de péages importants et de riches domaines, qui avaient également été cédés au-dessous de leur valeur pendant les troubles de la Fronde. L'édit de décembre 1663 compléta ces mesures, en abaissant l'intérêt légal du denier 18 au denier 20, c'est-à-dire de 5 et demi à 5 pour 100.

nom d'Aceilly, fit, de son côté, sur la suppression et la réduction des rentes, l'épigramme suivante :

> De nos rentes, pour nos péchés,
> Si les quartiers sont retranchés,
> Pourquoi s'en émouvoir la bile ?
> Nous n'aurons qu'à changer de lieu :
> Nous allions à l'hôtel de ville,
> Et nous irons à l'Hôtel-Dieu.

IV

Colbert réalisa une autre économie par les remboursements d'offices. Il y avait, en effet, un trop grand nombre de charges inutiles, et tous les *états généraux*, notamment les derniers en date, ceux de 1614, avaient vivement réclamé, dans leurs *cahiers de doléances*, une réforme sur ce point. Le mal datait de loin ; car c'était un moyen traditionnel pour la royauté de se procurer de l'argent, que de créer, à tout propos, de nouveaux offices. Elle avait même poussé cet expédient jusqu'à instituer ce qu'on appelait des *triennaux* et des *quatriennaux*, c'est-à-dire qu'une seule et même charge était partagée entre trois ou quatre titulaires, qui exerçaient à tour de rôle.

Non-seulement Colbert racheta tous ces offices, mais il révisa soigneusement toutes les charges de la maison du roi qui n'étaient pas des fonctions effectives. On peut se faire une idée de l'administration à ce moment, quand on voit que Colbert put d'un coup abolir deux cent quinze charges de secrétaires du roi, réduire considérablement le nombre des notaires, des procureurs, des huissiers, des sergents, et qu'après ce grand abatis il restait encore, en 1664, plus de quarante-sept mille offices, tant de finance que de judicature, représentant en gages plus de 8 millions de livres, et une valeur totale de près de 420 millions, c'est-à-dire plus de 840 millions de notre monnaie actuelle.

Colbert, tout en se résignant, par nécessité, à maintenir bien d'autres abus de l'ancienne administration monarchique, allait cependant, par la pensée, jusqu'à des conceptions de réformes radicales. Il voulait, par exemple, supprimer entièrement la *vénalité* des offices, contre laquelle les cahiers des états généraux s'étaient élevés à plusieurs reprises, et qui avait donné lieu, dans l'assemblée de 1614, à des débats si vifs et si amers entre la noblesse et le tiers[1]; mais c'était porter la cognée trop avant dans l'arbre, et il dut se borner à fixer la valeur des offices héréditaires : 350,000 livres pour celui de président à mortier; 150,000 pour celui de maître des requêtes; pour une charge de conseiller, 90 à 100,000 livres; de maître des comptes, 120,000, et ainsi proportionnellement. Le ministre ne put mieux faire, ne pouvant tout faire à la fois.

V

Les mesures que nous venons de rappeler avaient pour objet d'alléger les charges du trésor; Colbert va viser maintenant à diminuer celles des contribuables et particulièrement des classes agricoles. Jamais mesure ne fut plus opportune; car,

---

[1] Voir Aug. Tierry, *Histoire du tiers état.*

dès son entrée au pouvoir (1661-1662), le ministre avait eu à remédier à une disette et à une misère effroyables. La récolte avait été mauvaise, et les documents de cette époque attestent qu'un nombre considérable de familles restaient pendant des semaines entières sans voir ni manger de pain, vivant d'herbes et de racines, ou de quelques morceaux de bêtes mortes quand elles en rencontraient. « Les paysans, écrivait un médecin de Blois, se jettent sur les charognes, et aussitôt qu'il meurt un cheval ou quelque autre animal, ils le mangent... Je viens d'apprendre, ajoute-t-il, qu'on a trouvé un enfant à Cheverny qui s'était déjà mangé une main. Ce sont là des choses horribles, et qui font dresser les cheveux. » Dans l'Orléanais et la Touraine, le commerce du vin avait cessé; on manquait de chevaux pour enlever les produits, « à cause des grandes impositions[1]. »

A cette époque on ne possédait guère de saines notions d'économie politique; cette science était réservée au XIX° siècle. Au lieu de prendre les mesures propres à encourager le commerce des grains, on défendait alors aux marchands le trafic du blé; on leur interdisait même tout approvisionnement; autant décréter la famine. Paris en souffrit moins d'ailleurs que les provinces; car, de tout temps, le gouvernement s'est imposé des sacrifices particuliers en faveur de cette cité re-

[1] Pièces citées par M. P. Clément.

muante. Non-seulement on s'était arrangé pour que les grains ne sortissent pas de la ville, mais les magistrats municipaux, imitant ceux de l'ancienne Rome, faisaient procéder à des distributions publiques. De plus, on y avait établi un hôpital général, déjà créé à Lyon; c'était à la fois une maison de refuge et une espèce d'ouvroir, où les mendiants invalides des deux sexes devaient être employés à divers travaux, suivant leur état et leurs aptitudes. Par contre, défense de mendier dans la ville, même aux portes des églises; les contrevenants étaient punis de la peine du fouet, et, en cas de récidive, la transition est forte, aux galères.

Cependant toutes ces mesures n'atteignaient le but qu'à demi. Les misérables qui, alors comme aujourd'hui, faisaient en grand l'*entreprise de mendicité* au moyen de petits enfants qu'ils mutilaient pour exciter la compassion, ce résidu des *truands* et de la *Cour des Miracles* du XIIe siècle refusait obstinément d'entrer à l'hôpital; souvent même ces vagabonds résistaient aux archers chargés de les appréhender. On peut dire que la mendicité de Paris, comme tous les autres métiers sous l'ancien régime, était organisée en corporation.

Dans les provinces, le mal n'était pas moindre. En vain, dans beaucoup de villes, on avait tenté de supprimer la mendicité en établissant, comme à Paris, des *bureaux* de pauvres, où l'on faisait travailler les indigents des deux sexes; le remède fut impuissant contre le mal. Des villes de moyenne importance, Blois, par exemple, comptaient plus de trois mille mendiants, qui poussaient à travers les rues leurs plaintes lamentables. Dans les campagnes, des malheureux se tuaient et tuaient leurs enfants, ayant été plusieurs jours sans manger, les uns et les autres. On n'y pourrait croire, si l'on n'avait, malheureusement, des détails irrécusables [1].

---

[1] « M. Bouillon, vicaire à Saint-Sauveur de Blois, atteste qu'il a vu des enfants manger des ordures ; mais, ce qui est plus étrange, qu'il en a vu deux, dans le cimetière, sucer les os des trépassés... »

« M. Blanchet, sieur de Bonneval, prévôt de la maréchaussée de Blois et de Vendôme, atteste que les chemins ne sont plus libres; qu'il s'y fait quantité de vols, de nuit et de jour, non par des vagabonds, mais par quelques habitants des paroisses, qui avouent hautement leurs larcins, et disent qu'ils aiment mieux mourir à la potence que de faim en leurs maisons. »

« Un curé du diocèse de Bourges écrit qu'en allant porter le saint viatique à un malade, il a trouvé cinq morts sur le chemin, et qu'on a trouvé dans le même canton une femme morte de faim, et son enfant âgé de sept ans auprès d'elle, qui lui avait mangé une partie du bras. »

« On écrit du Mans que, se faisant une aumône publique le quatre deniers à chaque pauvre, pour le décès de feu M. le lieutenant général, il s'y trouva une si grande affluence de pauvres, que dix-sept furent étouffés dans la presse, et portés dans un chariot au cimetière; et qu'aux distributions faites par les abbayes de Saint-Vincent et de la Couture, on a compté pour l'ordinaire douze mille pauvres, dont la plupart mourront, s'ils ne sont assistés promptement. »

VI

Telle était la situation dans le Blaisois, la Sologne, le Vendômois, le Perche, le pays Chartrain, le Maine, le Berri, la Touraine, la Beauce et le Poitou. Ainsi Colbert, dès ses débuts, était mis à une rude épreuve. Comment remédier à une si générale et si lamentable détresse? Par quel moyen donner du pain, pour ainsi dire, à toute une nation affamée? Il avait bien pu, à force de mesures sévères et de surveillance, faire rendre gorge aux traitants; mais ici c'était une autre difficulté : il ne s'agissait plus de reprendre à ceux qui avaient trop pris; il fallait donner à ceux qui n'avaient pas assez.

Cette lutte contre la misère, Colbert l'entreprit cependant. Le *paupérisme*, pour nous servir d'un mot nouveau, bien que la chose, hélas! ne soit pas nouvelle, le paupérisme s'était aggravé

« On a trouvé dans les roches qui sont proches de Tours grand nombre de personnes mortes de faim et déjà mangées de vers. Dans la ville, les pauvres courent les rues la nuit comme des loups affamés... »

« ... Il y a des femmes *qui portent des jupons de taffetas* qui passent des journées entières sans manger de pain... Il est impossible que la plus grande part des villageois ne meure de faim; il faut que les terres demeurent sans semer, si le bourgeois ne conduit lui-même sa charrue... »

« Ceux qui voudront être bénis de Dieu enverront leurs aumônes à MM. les curés ou à Mesdames (*suivent les noms.* ») Recueil de pièces (Bibliothèque de l'Arsenal), citées par M. P. Clément.

en France, par suite des dernières guerres, qui avaient augmenté le nombre des vagabonds. Beaucoup d'hommes valides avaient pris volontiers l'habitude de vivre en aventuriers. On sait que la mendicité, en se développant, accroît forcément le brigandage, et que de bien faibles frontières séparent quelquefois l'une de l'autre. Traitées avec vigueur, mais non guéries par Henri IV, ces deux plaies sociales avaient reparu plus menaçantes et plus hideuses pendant les troubles de la régence. En vain l'on édictait d'énergiques et incessantes mesures de répression; le mendiant valide, menacé, s'il était pris, de ramer sur les galères, trouvait moyen d'échapper au péril sans abandonner son métier d'oisif. Une foule de soldats licenciés ou sans solde vivaient aux dépens du pays : « Quand l'enseigne chevauche devant, disaient-ils, elle ne doit rien payer sur les champs. » — « O la douce guerre, la bonne guerre pour le filou ! s'écrie un contemporain en parlant de la Fronde. O la triste guerre pour le bourgeois renfermé dans sa ville comme un captif ! O la cruelle guerre pour les bœufs, vaches et moutons, de plus de six lieues à la ronde ! » Il n'était pas trop tôt que vînt alors saint Vincent de Paul, « l'intendant de la Providence, » l'homme en qui se personnifia toute la ferveur de la charité publique, de 1648 à 1661. Ce grand cœur, doublé d'un grand génie pratique, avait eu, il est vrai, dans sa tâche, des collaborateurs illustres et dévoués, la duchesse de Gondy,

Mme Legras, Bernard, « le pauvre prêtre »; mais c'est à lui que l'histoire doit rapporter le mérite et l'honneur de l'initiative; c'est lui qui demeure, pour elle, le chef et le prédicateur inspiré de cette glorieuse croisade contre la souffrance. Aucune difficulté ne put lasser l'activité et la persévérance de cet apôtre : il organisa des missions dans les provinces, créa des hôpitaux pour les blessés et les malades, des maisons de refuge pour les enfants. En même temps qu'il relevait les églises et les chaumières, il venait en aide à l'agriculteur ruiné par les guerres du dedans ou du dehors, en lui apportant des semences et des instruments aratoires. On vit avec admiration une phalange héroïque d'hommes et de femmes organiser, pour ainsi dire, dans chaque paroisse l'aumône et le dévouement; on vit des *confréries* de dames prendre le soin des malades, se charger de vêtir et d'alimenter ceux qui étaient nus et affamés, et même entreprendre la première éducation des enfants. Est-il besoin de rappeler que notre touchante et glorieuse milice des *Sœurs de la Charité* date de saint Vincent de Paul?

Malheureusement, quelle que fût l'ardeur de cette charité qui créait des hospices pour les *enfants trouvés*, pour les vieillards, pour les indigents, elle ne pouvait que panser les plaies sans les guérir; il ne suffisait pas de remédier aux maux présents; il fallait en tarir la source pour l'avenir. Tel fut l'objet principal des efforts de

Colbert. Les uns furent heureux et salutaires; les autres manquèrent le but; mais si parfois il se trompa, ce fut de bonne foi : ses intentions et son cœur doivent demeurer hors de cause.

Il commença par venir au secours de Paris, en y attirant des blés à grands frais, et en pourvoyant ainsi à l'abondance des distributions gratuites. Puis, non content d'établir dans la plupart des villes du royaume un hôpital à l'instar de celui de la capitale, il fit appel à la charité des riches. Ce n'était pas assez encore : avec le consentement du roi, il obligea les provinces les moins éprouvées à secourir les autres, et les marchands à mettre leurs denrées en vente à des prix équitables. En outre, il faisait venir par mer, de Dantzig et autres pays étrangers, des provisions considérables de blé. Conséquent avec lui-même, il prohibait en même temps les exportations de grains, afin de les maintenir à l'intérieur au plus bas prix possible; ce système était cependant fâcheux, car les débouchés venant par suite à manquer aux céréales françaises, et ces céréales se vendant mal sur le marché national, la culture devait forcément diminuer et rendre inévitable le retour de la détresse même qu'on voulait conjurer. Mais, nous l'avons dit déjà, on ne pouvait demander à Colbert de n'être pas de son temps, et de rompre absolument avec les erreurs de ses devanciers. Du moins ce ministre respecta-t-il la liberté du commerce des grains de province à province, ce que ne firent pas ses successeurs, qui revinrent aux anciennes prohibitions, ou même en établirent de nouvelles.

VII

Quant à la taille, comprenant que c'était l'impôt le plus onéreux, puisqu'il s'élevait alors à 41 millions, Colbert, dès son entrée dans le conseil, s'occupa de la diminuer. A son instigation, Louis XIV, au début de son règne effectif, en 1664, avait envoyé dans les provinces des maîtres des requêtes chargés d'étudier l'état des choses et d'en rendre compte. Colbert, à cette occasion, rédigea pour eux un mémoire qui est, à lui tout seul, tout un plan d'administration publique : il y insiste sur la nécessité de soulager la misère et de réprimer les abus commis par les élus, les receveurs et les sergents qui, nous l'avons vu, s'entendaient ensemble pour dévorer le « pauvre bonhomme ». Des centaines de paysans mouraient soit de privations, soit de chagrin, au fond des prisons où on les entassait pour n'avoir pu payer l'impôt. Les sergents des tailles, ces *animaux terribles*, comme les appelle un magistrat du temps[1], maltraitaient et violentaient les contribuables de toutes les manières, blessant et tuant les femmes elles-mêmes à coups de bâton ou d'épée. Il était temps que

[1] Lettre adressée à Colbert par le lieutenant-criminel d'Orléans.

Colbert avisât. Il écrit d'abord aux intendants, particulièrement à celui de l'Auvergne : « A l'égard des saisies pour le fait des tailles, vous pouvez tenir la main à ce que les receveurs n'en fassent point; mais il ne faut pas en donner d'ordonnance publique, crainte que les peuples ne s'endurcissent à ne point payer. » Beaucoup d'intendants et d'agents du fisc avaient pris l'habitude de faire lever la taille par des soldats; ce moyen expéditif est désapprouvé par Colbert, qui prescrit aux collecteurs de n'user de toute voie violente qu'à la dernière extrémité.

Quant aux réductions de taille, la première fut accordée en 1662 et 1663; elle était de 3 millions. En 1664 et 1665, nouvelles diminutions d'un million et d'un million et demi, sans compter la remise de l'arriéré faite en 1664. De 41 millions, la taille descendait ainsi à 35 millions.

Mais l'esprit réformateur de Colbert allait bien au delà de ces dégrèvements partiels : il voulait changer radicalement le système et substituer à la taille *personnelle* la taille *réelle*, assise non-seulement sur les biens-fonds, mais sur les revenus industriels, sur les capitaux mobiliers, sur les rentes. Il fit un premier essai dans la généralité de Montauban, qui fut exactement cadastrée, et divisée en douze mille parcelles contributives, estimées d'après leur valeur réelle; son intention d'ailleurs était de faire dresser un *cadastre* général de toute la France. Dans cette vue, les commissaires dont nous avons déjà parlé avaient reçu l'ordre de recueillir les éléments d'une carte complète du pays, où l'on trouvât indiqués, non seulement toutes les divisions ecclésiastiques, militaires, administratives et financières, mais toutes les paroisses, abbayes, bénéfices, domaines. Malheureusement, de graves événements, que nous aurons bientôt à raconter, vinrent se jeter à la traverse de ce projet. Ce cadastre, très-difficile à établir, n'a pu être repris et achevé que de nos jours, et encore, bien que dressé il y a quelques années à peine, est-il déjà, nous assurent les économistes statisticiens, en grande partie à refaire.

Si Colbert ne réussit pas à donner à la taille une assiette plus équitable, il en rendit du moins la répartition plus égale, en révisant soigneusement tous les titres d'exemptions. Dès 1664, il prononce la révocation d'une partie des *lettres de noblesse* accordées ou vendues depuis 1634, ces priviléges ayant eu pour effet, dit l'édit, « de faire peser la plus grande part de l'impôt sur les plus pauvres, » et de mettre certaines paroisses dans l'impossibilité absolue de payer la taille. Cette mesure est complétée par de rigoureuses poursuites contre les usurpateurs de titres nobiliaires. Le nombre des faux nobles était tel que, dans la seule Provence, on en découvrit près de treize cents; beaucoup de familles bourgeoises s'étaient en outre exemptées de la taille, sous prétexte qu'elles avaient acheté quelque petit office, quelque sinécure, donnant droit à l'immunité; il y avait même des villes, des districts entiers, le Boulonnais, par exemple, qui avaient réussi à s'affranchir de l'impôt, en vertu d'exemptions plus ou moins authentiques, dont on faisait remonter les titres au moyen âge. Tous ces priviléges furent impitoyablement supprimés par Colbert.

VIII

Après la taille, c'est-à-dire l'impôt direct, les plus grandes sources du revenu public étaient les aides, les fermes, c'est-à-dire l'impôt indirect, et la gabelle, qui participait de la nature de ces deux impôts [1]. Colbert, qui s'efforçait d'abaisser autant que possible le chiffre de la taille, dont le fardeau était principalement supporté par les pauvres, estimait que, sous un régime de priviléges tel que celui de l'ancienne monarchie, il était conforme à la justice de s'attacher de préférence aux impôts de consommation, c'est-à-dire aux aides, qui pesaient indistinctement sur le riche et le pauvre, le noble et le roturier. On sait que les aides étaient affermées. En 1661, les baux, réglés par Foucquet, rapportaient au trésor à peu près 37 millions : en 1662, les baux, réglés par

[1] La gabelle était un impôt direct, là où le sel était vendu forcément, et indirect, là où il s'achetait librement.

Colbert, donnent tout de suite 7 millions de plus, et huit ans plus tard, en 1670, le rendement dépassera 50 millions, pour monter, en 1683, à 66 millions; pourtant Colbert avait commencé par réduire cet impôt de 33 pour 100, en le dégrevant de toutes les surtaxes établies depuis 1645. Mais les anciennes ordonnances, qui prescrivaient de donner les fermes au plus offrant et dernier enchérisseur, furent remises en vigueur; on cessa de livrer les baux à vil prix, et les fermiers furent assujettis à payer par douzièmes mensuels [1].

En 1680, Colbert fera publier « sur le fait des aides » deux ordonnances, l'une applicable dans le ressort de la cour de Paris, l'autre dans le ressort de la cour de Rouen. « Ces ordonnances, dit un écrivain [2], purement réglementaires, comme la grande ordonnance des gabelles, ne renferment aucune innovation. Les diversités locales subsistent dans toute leur force : la Normandie continue à payer le *quatrième* de la valeur des vins, à côté des autres provinces qui paient seulement le *huitième*. On n'aboutit même pas à un droit unique

---

[1] Rappelons ici que, dans le langage fiscal de l'ancien régime, on comprenait sous le nom de *fermes* : 1º les *aides et entrées*; 2º les droits dits des *cinq grosses fermes*; 3º divers droits particuliers à certaines provinces ou à certaines localités, tels que le *convoi de Bordeaux*, la *patente de Languedoc*, etc.; 4º le *monopole du tabac* et la *marque de l'étain*; 5º les droits sur les *métiers*; 6º les droits domaniaux proprement dits; 7º le *droit de fret* et le *revenu des ports*; 8º les *revenus casuels*; 9º les *gabelles*.

[2] Clamageran, *Histoire de l'impôt en France*.

dans chaque localité. Le droit de *gros* ou de vingtième, le droit des anciens et nouveaux *cinq sols* (montant en réalité à quatorze sols), le droit de *quatrième* et de huitième, le droit *d'entrée*, le droit de *jauge* et le droit de *courtage*, conservent chacun le règlement qui leur est propre. Tout au plus peut-on signaler quelques simplifications dans les tarifs particuliers. Colbert lui-même ne considérait les ordonnances de 1680 que comme des règlements provisoires. Un an plus tard, le 7 août 1681, dans une lettre circulaire adressée aux intendants, il reconnaît que, « pour le soulagement des sujets de Sa Majesté, il reste encore à bien régler la ferme des aides et entrées; » que « la prodigieuse multiplicité des droits et la différence infinie qui se trouve presque en chaque généralité, ville et pays, rendent la jurisprudence incertaine », et, par suite, « exposent trop les sujets de Sa Majesté aux vexations qui peuvent leur être faites par les fermiers, sous-fermiers, commis, sous-commis et autres employés des fermes. » Il annonce le projet de rendre les droits uniformes et égaux dans tout le royaume. Il stimule le zèle des intendants; il les invite à entreprendre une vaste et minutieuse enquête pour constater d'une manière exacte l'état des choses, et préparer les bases d'une réforme radicale. Dans une autre lettre, du 6 novembre (adressée à M. de Miromesnil), il revient avec insistance sur ce projet; il le présente comme « le couronnement de son œuvre ».

Quant à la ferme des *gabelles*, la plus importante de toutes, elle comprenait, en 1661, deux cent un greniers et trente et une chambres à sel. Colbert s'accommodait peu de cet impôt, dont les ecclésiastiques, les nobles, la plupart des bourgeois étaient exempts, et il estimait, avec raison, que c'était nuire à la santé publique, que de gêner la consommation d'un condiment essentiel. Il ne se dissimulait pas non plus que la gabelle arrêtait les progrès de l'agriculture, et qu'elle était une cause permanente de contraintes, de vexations, de visites domiciliaires. Pour *faux saunage*, on comptait, année moyenne, trois mille sept cents visites domiciliaires, plus de onze mille arrestations d'hommes, de femmes ou d'enfants, près de douze cents chevaux ou voitures saisis ; les faux sauniers formaient le tiers des forçats du royaume.

Ici encore, le ministre réformateur, ne pouvant songer à couper le mal par la racine, entreprit du moins de l'atténuer : en 1662, il supprime quatorze cent soixante officiers des greniers à sel, et n'en conserve que mille quarante-deux ; en 1663, il fait remise aux consommateurs d'un écu par minot sur le prix du sel, ce qui équivalait à une diminution annuelle de 500,000 écus sur la ferme des gabelles ; en 1667 et 1668, nouvelle suppression des greniers, et nouveau dégrèvement sur le prix du minot. Malheureusement la guerre de 1672 vint arrêter la suite de ces mesures bienfaisantes.

Pour achever le tableau des réformes de Colbert dans l'ordre des finances, il nous reste à dire quelques mots des *monnaies*. On sait qu'au moyen âge la faculté de battre monnaie n'était pas le droit exclusif des rois de France, mais qu'il appartenait à un grand nombre de seigneurs suzerains, laïques ou ecclésiastiques : on imagine dès lors quelle confusion monétaire et quel embarras pour le commerce résultaient de cette multiplicité de pièces d'une valeur et d'une effigie différentes. Cependant, à partir de saint Louis, les rois avaient commencé de remédier à ce désordre en décrétant que la monnaie royale aurait cours par tout le royaume; mais il va sans dire que, jusqu'à l'époque où l'œuvre de centralisation fut définitivement accomplie, c'est-à-dire jusqu'au XVIIe siècle, ce règlement général ne fut qu'imparfaitement observé. Au moment où Colbert entra en fonctions, le monnayage était affermé, soit à des orfévres, soit à des banquiers ou traitants, avec lesquels on convenait du titre et du poids des espèces à fabriquer; de plus, on s'engageait, dans les baux passés avec ces particuliers, à ne laisser sortir du royaume aucun ouvrage d'or et d'argent, et à n'y donner cours à aucune monnaie étrangère. En 1662, par exemple, un bail général avait été signé dans ces termes avec un sieur Génisseau, pour la somme de 100,000 livres. Les vues de Colbert sur le commerce et sur l'industrie de l'orfévrerie et de la bijouterie ne pouvaient s'accommoder d'un pareil système, qui produisait constamment, par suite d'une tolérance passée en habitude, des monnaies au-dessous du titre et du poids fixés ; il résolut donc de faire un changement complet dans cette importante fabrication ; il la rendit à l'État, en adoptant sur ce point la forme d'administration qui subsiste encore aujourd'hui. Désormais le monnayage devait être confié à des directeurs chargés d'acheter, de fabriquer et de vendre, avec les fonds et pour le compte du roi, moyennant un prix par marc qui leur était alloué. Ces directeurs étaient à la fois *entrepreneurs* de la fabrication et des frais, et *régisseurs*, sous la surveillance d'un *directeur général des monnaies*. Ce n'était pas l'ordre encore, mais c'était déjà un grand remède au désordre.

CHAPITRE III

NIVELLEMENT POLITIQUE. — JUSTICE ET POLICE

Abaissement des parlements et des grandes dignités. — Les *grands jours* d'Auvergne. — Les agents du pouvoir central; destruction des libertés locales. — Réformes judiciaires; les grandes ordonnances organiques. — La police et le lieutenant général de la Reynie. — Régime des prisons.

I

Tout en diminuant l'importance des classes financières, Colbert s'occupait de restreindre celle des seigneurs et des officiers de justice, et de soustraire les classes laborieuses aux accès de violence et de bon plaisir de la noblesse des deux robes, qui, grâce aux troubles de la dernière régence, avait réussi à se mettre, pour ainsi dire, hors de page. Les traitants châtiés, il fallait punir également les gentilshommes et les gens de loi. La paix des Pyrénées, récemment conclue, permettait d'ailleurs de reporter les yeux sur les désordres de l'intérieur. Pour le roi et pour Colbert, qui avaient gardé d'amers souvenirs de la

Fronde, c'était le moment de réduire ces parlements ambitieux, qui avaient osé traiter de pair avec la royauté, et de les rappeler à l'humilité de leur vrai rôle.

Une tradition rapporte que Louis XIV entra un jour dans le parlement, en habit de chasse, un fouet à la main, et que, sur les observations du premier président, qui parlait avec hauteur des intérêts de l'État, le jeune roi répondit par ce mot fameux : « L'État, c'est moi. » Cette scène dramatique n'est pas acceptée par les historiens modernes les plus autorisés ; mais ce qu'il y a de certain, c'est que le roi avait tancé vertement la cour souveraine : « Chacun sait, avait-il dit, combien vos assemblées ont excité de troubles dans mon État, et combien de dangereux effets elles y ont produits. J'ai appris que vous prétendiez encore les continuer, sous prétexte de délibérer sur les édits qui naguère ont été lus et publiés en ma présence. Je suis venu ici tout exprès pour en défendre (en montrant du doigt messieurs des enquêtes) la continuation, ainsi que je fais absolument, et à vous, monsieur le premier président (en le montrant aussi du doigt), de les souffrir ni de les accorder, quelque instance qu'en puissent faire les enquêtes. » Après quoi, le roi était sorti sans qu'aucun de la compagnie eût dit une parole.

Cet incident s'était passé avant la mort de Mazarin, en 1655, alors que Colbert n'était encore que l'agent de ce ministre. En 1665, le roi résolut d'user de sa toute-puissance : il enleva aux parlements le titre de cours *souveraines*, et le remplaça par celui de cours *supérieures*. Deux mois après, il tint un *lit de justice*, qui fut, suivant le mot d'un contemporain (Olivier d'Ormesson), « un coup de massue ». En janvier 1666, le parlement était dompté ; le mardi 12, il y eut assemblée des chambres : le premier président rappela la défense faite par le roi de délibérer sur les édits enregistrés dans le lit de justice. Tous gardèrent le silence ; et, « après quelque temps, dit le *Journal* d'Olivier d'Ormesson, M. le Coigneux, président de la Tournelle, se leva, et chacun le suivit, l'un après l'autre, et ainsi la compagnie se sépara, sans qu'il y fût dit une seule parole, la consternation paraissant sur le visage de tous. Il n'y a pas d'exemple d'une chose pareille dans le parlement. »

La monarchie absolue achevait donc de se fonder par l'abaissement ou la suppression des grandes dignités. Richelieu avait aboli la charge de *connétable;* après la disgrâce de Foucquet, on ôta, nous l'avons vu, celle de *surintendant,* puis celles de *colonels généraux* de l'infanterie française et de la cavalerie : Colbert fit en outre supprimer celle de *grand maître et surintendant de la navigation.* Quant à la charge de *grand chambellan,* elle fut abaissée : « Le grand chambellan, dit le duc de Saint-Simon [1], n'a plus d'autre

[1] *Mémoires,* t. VI.

fonction que de servir le roi, quand il s'habille ou qu'il mange à son petit couvert ; il est dépouillé de tout le reste et n'a nulle part aucun ordre à donner, ni qui que ce soit sous sa charge. Le grand écuyer met le roi à cheval et commande uniquement à la grande écurie ; en quoi, pour la réalité, il n'est pas plus que le premier écuyer... Le grand maître de France, qui depuis longtemps est un prince du sang, ne commande qu'aux maîtres d'hôtel, ne se mêlant que des tables, et encore, depuis Henri III, à cause du dernier Guise, qui l'était, a-t-il perdu toute inspection sur tout ce qui regarde la bouche du roi, et à cet égard, le premier maître d'hôtel est indépendant de lui. »

En attendant, qui hérita des grandes fonctions administratives? Ce furent les quatre *secrétaires d'État*, simples commis, rien de plus, et tout à la discrétion de Louis XIV[1]. Leur grandeur n'était qu'un reflet de la sienne ; comme il les avait faits d'un mot, d'un mot il les pouvait défaire.

[1] Louis XIV excluait systématiquement la noblesse des fonctions ministérielles : « Il n'était pas de mon intérêt, dit-il dans ses Mémoires, de prendre des hommes d'une qualité éminente. Il fallait, avant toutes choses, faire connaître au public, par le rang même où je les prenais, que mon dessein n'était pas de partager mon autorité avec eux. Il importait qu'ils ne conçussent pas eux-mêmes de plus hautes espérances que celles qu'il me plairait de leur donner, ce qui est difficile aux gens d'une grande naissance. » (*Œuvres de Louis XIV*, t. I.)

II

Les *grands jours* d'Auvergne achevèrent l'œuvre sévère de répression et de nivellement : « Un moment étourdis par le marteau du grand démolisseur (Richelieu), qui avait abattu tant de châteaux, les hobereaux montagnards de l'Auvergne, du Limousin, de la Marche, du Forez, avaient repris leurs habitudes sous le faible gouvernement de Mazarin. Protégés par leur éloignement de Paris et du parlement, et par la nature du pays qu'ils habitaient, ils intimidaient ou gagnaient les juges subalternes, et commettaient impunément toute espèce de violences et d'exactions [1]. » Dès 1661, l'intendant d'Auvergne écrivait pour se plaindre d'un tyranneau du pays, sur lequel on ne pouvait réussir à mettre la main, parce qu'il était de connivence avec toute la noblesse, qui lui donnait asile au besoin ; les troupes mêmes commandées pour le prendre lui faisaient parvenir des avis secrets, il ne couchait jamais deux jours dans le même endroit, et n'allait que par des chemins inaccessibles, accompagné de vingt-cinq hommes résolus à tout.

A Montauban, un juge du présidial faisait enfermer le greffier de la cour des aides qui venait

---

[1] Henri Martin, *Histoire de France*, t. XIII.

lui signifier un arrêt du conseil du roi ; à Toulouse, un conseiller au parlement tuait un homme en plein jour dans les rues de la ville ; enfin, les parlements de Dijon et de Reims montraient de grandes dispositions à la mutinerie. Colbert sentit, comme le roi, qu'il fallait agir sur-le-champ : le 23 août 1665, une déclaration royale ordonne la tenue de *grands jours* dans la ville de Clermont, pour l'Auvergne, le Bourbonnais, le Nivernais, le Forez, le Beaujolais, le Lyonnais, le Combrailles, la Marche et le Berri. Grand fut l'émoi parmi les nobles de ces contrées, qui s'enfuyaient, tremblants, dans les montagnes ; le peuple, au contraire, se réjouissait, et l'on composa, à cette occasion, un chant populaire ou *Noël des grands jours*, qui célèbre la revanche du paysan, de « l'homme de la grange » contre « l'homme du château ». Ces gens de robe, venus de Paris tout exprès pour rendre justice au pauvre « Jacques », toujours pillé et battu, étaient reçus en libérateurs : « Les fourneaux sont tout chauds, » comme dit le Noël ; un immense soupir de soulagement ou d'espérance s'échappe de toutes les poitrines : enfin l'innocent va pouvoir demeurer tranquille en son logis ; en tout cas, même joug va peser sur « le vêtu de soie » et « sur le vêtu de toile » ; malheur à celui qui est « fautif, gentilhomme ou coquin » ! il faudra que le noble, qui a fait « comme un roi dans son royaume », s'enfuie de son donjon au hasard, qu'il erre, « sans mie ni croûte, vin, pichet ni pot, plus nu qu'un jeu de paume, » ou gare « l'hermine et le mortier », c'est-à-dire *Messieurs des grands jours*.

Alors âgé de trente-trois ans, l'abbé Fléchier, futur évêque de Nîmes, et futur panégyriste de Turenne, avait suivi en Auvergne un membre de ce tribunal, un maître des requêtes dont il élevait le fils; il nous a laissé un récit de ces assises extraordinaires [1], récit pathétique, comme tout ce qui est écrit sous l'émotion même; il semble que la trompette de l'archange eût dès lors retenti comme pour le jugement dernier. « Ceux qui avaient été les tyrans des pauvres, dit Fléchier, devenaient leurs suppliants; il se faisait plus de restitutions qu'au jubilé. » Ainsi, les rôles étaient renversés, et les seigneurs avaient maintenant à solliciter la protection des manants, pour obtenir d'eux, en quelque sorte, des certificats de bonnes vie et mœurs. Un paysan ayant parlé à un gentilhomme d'un ton arrogant, et la tête couverte, le noble, d'un revers de main, lui jeta son chapeau à terre : « Ramassez-le, lui dit hardiment le vilain, ramassez-le, ou je vous mènerai incontinent devant des gens qui vous en feront nettoyer l'ordure. » Le noble le ramassa. Comme on était déjà loin des siècles précédents, et comme on se rapprochait, sans que personne s'en doutât encore, de 1789 ! L'injonction de ce paysan, c'est déjà, sous une autre forme, celle de Mirabeau.

[1] *Les Grands Jours d'Auvergne*, 1844.

En attendant, les juges des grands jours étaient impitoyables et condamnaient à mort, aux galères ou au bannissement tous ces tyrans subalternes qui désolaient le pays depuis vingt années : Canillac, l'homme aux douze bandits qu'il nommait ironiquement ses douze apôtres; Sénégas, qui, non content d'usurper les tailles du roi et les dîmes, démolissait les chapelles pour en ajouter les matériaux à ses maisons, qui assassinait sur les grands chemins, et, à la façon de Louis XI, se donnait le plaisir d'enfermer ses justiciables durant plusieurs mois dans une armoire humide où l'on ne pouvait se tenir ni debout ni assis; d'Espinchal, autre expert en vols et meurtres, qui réussit pourtant à sortir de France et à sauver ainsi sa tête; les plus hauts et les plus titrés seigneurs, jusqu'au grand sénéchal d'Auvergne, furent frappés par le redoutable tribunal. D'autres, aussi coupables, n'échappèrent que par la fuite à la roue, au gibet ou à la hache; mais leurs biens furent confisqués, leurs châteaux rasés, et il fut défendu, sous peine de mort, d'accorder asile ou assistance aux contumaces. « Les peuples respirent, écrivait à Colbert un intendant, et donnent au roi mille bénédictions de voir sa grande bonté s'appliquer si fort pour leur soulagement, en faisant régner la justice. » C'est ici le cas de rappeler le mot de Mme de Sévigné écrivant plus tard à sa fille : « Je ne trouve rien de si joli que de savoir ainsi mettre les grands à la raison. » Il est vrai malheureusement que, à propos du soulèvement des paysans de Bretagne, elle trouvait également *joli* qu'on eût *pas mal pendu*. Les assises vengeresses avaient duré trois mois, et une médaille fut frappée pour en consacrer la mémoire : on y voyait la Justice tenant d'une main son glaive et sa balance, et, de l'autre, relevant une femme éplorée, image de la nation délivrée de l'oppression des seigneurs, comme l'expliquait d'ailleurs la légende : *Provinciæ ab injuriis potentiorum vindicatæ.*

III

Les derniers tenants de la féodalité ainsi pourchassés, Colbert voulut que le pouvoir central fût représenté partout par des agents dociles. Il estimait, et le roi était de son avis, que l'autorité des gouverneurs de province était trop étendue encore, et que c'étaient des façons de satrapes, substituant leur caprice à la volonté du maître légitime. On leur ôta d'abord le maniement des impôts, qu'ils s'étaient peu à peu fait abandonner, sous prétexte de pourvoir à la sûreté des places et de les tenir en bon état; on leur ôta de plus le maniement des troupes, en renouvelant successivement toutes les garnisons, de sorte qu'au lieu de soldats, qui auparavant n'avaient affaire qu'aux gouverneurs, et se trouvaient sous leur immédiate dépendance, il y eut dans chaque ville une force militaire relevant directement du roi, n'attendant et ne recevant que de lui les ordres aussi bien que les récompenses.

La puissance des gouverneurs, déchus et devenus triennaux, alla aux *intendants*. Ces magistrats, dont le caractère était plutôt civil, allaient mieux à Colbert ; ils furent ses principaux instruments de réforme, et tout passa par leurs mains : répartition et perception des impôts, emploi des deniers publics, garnison, mouvement des troupes, justice, travaux publics, administration. Toutefois, malgré l'étendue de leurs attributions, ces fonctionnaires, loin d'avoir la bride sur le cou, recevaient l'impulsion directe de la royauté, et demeuraient, en face des ministres, dans une complète subordination ; ils n'étaient que les exécuteurs de commandements qui leur étaient signifiés de plus haut ; ils devaient rendre un compte rigoureux de leurs moindres actes, et Colbert ne se faisait pas faute de les tenir sous le joug, au moyen de destitutions, ou, tout au moins, de mutations ; c'est ainsi que tel intendant était subitement transporté de Poitou en Picardie, ou de Guienne en Champagne.

Sans cette énergique action, les projets de Louis XIV et de son ministre pour l'affermissement de l'autorité royale n'eussent jamais abouti ; or le grand roi, nous l'avons dit, avait résolu de faire une vérité du fameux mot, vrai ou non, l'*État c'est moi*, et les pays d'états en eurent bientôt la preuve. On sait ce que l'on entendait sous l'ancien régime par *pays d'état :* en dehors des assemblées ou des états généraux que les rois convoquaient accidentellement, telles provinces, la Normandie, par exemple, avaient en outre leurs états particuliers qui votaient l'impôt, sous le nom de *don gratuit,* veillaient aux intérêts de leur contrée, et s'opposaient d'ordinaire aux empiétements d'une royauté qui tendait de plus en plus à l'absolutisme.

La monarchie nouvelle de Louis XIV pouvait-elle s'accommoder de ces derniers restes d'autonomie provinciale et de ces remontrances parfois séditieuses? Non; il fallait que la baguette de Tarquin achevât l'œuvre de nivellement. C'est ainsi que, successivement, la Normandie fut privée de ses états particuliers, et que mêmes franchises furent enlevées au Maine, à l'Anjou, à la Touraine, à l'Orléanais, au Bourbonnais, au Nivernais, à la Marche, au Berri, à l'Aunis et à la Saintonge, à l'Angoumois, à la haute et basse Auvergne. Comme pays d'états, il ne resta plus désormais que quelques provinces, Languedoc, Bourgogne, Provence, Bretagne, etc.; encore des commissaires du roi présidaient-ils ces assemblées provinciales, qui durent céder à la fin aux volontés du pouvoir central. La ruine des libertés locales est dès lors consommée, et Colbert n'aura plus à craindre de voir ses grandes réformes, en fait de travaux publics, de commerce ou d'administration, se heurter à des résistances de clocher, pour ainsi dire. Ces priviléges provinciaux n'avaient plus d'ailleurs qu'une utilité fort contestable; ils rendaient peu de services aux pays qui en étaient pourvus, et ne donnaient lieu qu'à de mesquines querelles avec le pouvoir central et dominateur. Ils faisaient d'ailleurs échec au progrès général, et les correspondances administratives du temps nous montrent quelles entraves mettaient, par exemple, au développement du commerce [1], et, par suite, au bien public, les préjugés enracinés dans chaque localité. L'extrême centralisation est sans doute un mal; elle congestionne la tête en paralysant le reste du corps social; mais, à l'époque de Louis XIV, la France était encore en train de se faire et de s'unifier; tout ce qui tendait à simplifier toutes choses était alors non-seulement utile, mais nécessaire.

IV

Cette royauté, dont le roi avait désormais la force de châtier les coupables, se montrait en même temps capable de concevoir et d'appliquer d'efficaces réformes au point de vue du droit et de la justice. Là encore, le mérite de l'action revient

[1] Témoin l'affaire de l'unité des poids et mesures et du tarif douanier de 1664, que Colbert ne put établir d'une façon uniforme.

surtout à Colbert, et c'est à lui qu'il faut faire honneur de cet ensemble d'ordonnances, on peut dire organiques, qui, après le code de Justinien et avant le code Napoléon, a été le plus grand monument législatif qu'on ait édifié.

Il est presque impossible de comprendre aujourd'hui la confusion introduite dans le système judiciaire de ce temps par la diversité et l'incohérence des usages locaux. C'était un véritable chaos : 285 *coutumes* se partageaient encore la France ; certaines provinces étaient régies par des règlements traditionnels qui formaient leur *droit coutumier*; dans d'autres dominait le droit romain, qu'on appelait par opposition le *droit écrit*. Dans d'autres encore, l'Auvergne par exemple, la coutume et le droit romain vivaient côte à côte, sans compter les usages locaux, qui venaient modifier dans le détail la coutume générale de la province. De là des contestations continuelles : il fallait à chaque instant recourir à des enquêtes, consulter les notables de l'endroit, pour fixer tel ou tel point juridique; parfois même on n'arrivait à résoudre la question qu'en recourant à la coutume de la province voisine.

De bonne heure, les états généraux avaient réclamé, dans leurs cahiers, la rédaction en une concordance précise, claire et complète, de toutes les coutumes du royaume, et dès 1453 Charles VII avait prescrit cette rédaction par l'ordonnance de Montils-lès-Tours; mais le travail se fit si lentement qu'on voit les assemblées du xvi⁶ siècle (1560, 1561, 1576, 1588) et celle de 1614 demander de nouveau avec instance la compilation et la refonte d'une législation trop multiple et trop contradictoire. Il était réservé au génie pratique de Colbert de réaliser enfin une réforme jusque-là vainement réclamée, non-seulement par toutes les assemblées du pays, mais encore par tous les grands jurisconsultes du xvi⁶ siècle.

Déjà, en 1665, dans un mémoire adressé à Louis XIV, il exposait ses plans et ses idées à cet égard, en ayant soin, selon son habitude, de les présenter comme venant du roi, afin d'y engager l'amour-propre du maître. Il faut, disait-il, établir en France *une même loi, un même poids et une même mesure;* il faut que la justice soit gratuite, que les charges ne soient plus vénales, que toutes les cours supérieures (parlements, chambres des comptes, cours des aides, etc.) soient réorganisées, que le nombre des juridictions et des juges soit diminué, etc. On instituera un conseil de justice composé de conseillers d'État et des plus habiles avocats du parlement de Paris; ce conseil sera divisé en plusieurs sections, et sa tâche sera de réviser toutes les anciennes et les nouvelles ordonnances, de réformer la procédure, afin de simplifier l'administration générale de la justice. Le roi fera lui-même, escorté de commissaires spéciaux, une visite générale de son royaume; enfin, de ces travaux et de ces réformes devra sortir un « corps d'ordonnances aussi complet que celui de Justinien pour le droit romain ».

C'était assurément un grand et noble projet; malheureusement il n'était pas donné à Colbert lui-même de le mener à fin; trop de préjugés et d'intérêts allaient à l'encontre. Par exemple, l'unité de loi, de poids et de mesures était encore, au XVIIe siècle, pure utopie. Le ministre sentait bien lui-même que ses visées allaient au delà de son temps; mais il voulait au moins avoir l'honneur de l'entreprise : « Quand même la chose serait impossible, disait-il à Louis XIV, en faisant ses efforts pour y parvenir, Votre Majesté trouverait assurément tant de belles choses à faire qu'elle serait dignement récompensée des soins qu'elle en aurait voulu prendre. »

La commission de réforme fut, en effet, constituée; Colbert en confia la direction à son oncle Pussort, dont l'esprit net et positif avait une étroite et naturelle parenté avec celui de son neveu. « C'était, dit Saint-Simon [1], un grand homme sec, d'aucune société, de dur et difficile accès, un fagot d'épines, sans amusement et sans délassement aucun; parmi tout cela, beaucoup de probité, une grande capacité, beaucoup de lumières, extrêmement laborieux, et toujours à la tête de toutes les grandes commissions du conseil et de toutes les affaires importantes du royaume. »

---

[1] *Mémoires*, t. I.

La commission travailla pendant deux ans, et le résultat de ce travail fut la grande ordonnance civile ou *code Louis* (1667). Certes, elle ne fondait pas l'unité législative, puisque les provinces, pour la plupart, continuaient à suivre leur coutume; mais que d'utiles améliorations elle consacrait! Le législateur s'était surtout proposé, comme disait le préambule de l'ordonnance[1], « de rendre l'expédition des affaires plus prompte par le retranchement de plusieurs délais et actes inutiles, et par l'établissement d'un style uniforme dans toutes les cours et siéges. » Si l'on songe que la multiplicité et la longueur des procédures avaient été jusqu'alors une cause de ruine pour les intéressés, on comprendra aisément la portée salutaire de cette réforme, pour la propriété, pour le commerce et pour l'industrie. Outre l'uniformité obligatoire de la procédure, le code Louis prescrivait la tenue régulière des actes de l'état civil et leur dépôt au greffe du tribunal le plus voisin, innovation de grande importance pour les procès où la question de condition et d'âge pouvait se présenter[2].

Deux ans plus tard, en 1669, paraît une nouvelle ordonnance complémentaire de la première. Puis, de la procédure civile, le conseil de justice passe à la procédure criminelle, et, en août 1670,

---

[1] *Anciennes Lois françaises*, recueil d'Isambert, t. XVIII.
[2] Cette mesure avait été déjà réclamée par divers états généraux et prescrite par diverses ordonnances, mais sans aucun résultat.

il publie l'*ordonnance criminelle*, qui, tout en maintenant certaines dispositions qui paraîtraient odieuses de nos jours, la procédure secrète, par exemple, corrige un grand nombre d'abus de détail, et introduit la lumière et l'unité là où régnaient encore l'obscurité et la confusion.

En même temps, dans l'ordre économique, Colbert fait rendre (août 1669) l'*édit des eaux et forêts*[1]. A une multitude de lois vagues et contradictoires, le nouveau règlement substituait, dans toutes les provinces, une jurisprudence fixe et précise pour tous les délits ; la pénalité, qui jusqu'alors avait été vraiment draconienne, fut adoucie, et désormais les délinquants ne devaient plus être mis à mort. Nous reviendrons, à propos de l'agriculture, sur cette remarquable ordonnance, que la plupart des historiens s'accordent à représenter comme un code forestier presque irréprochable[2].

Il faut citer aussi l'*Édit* de mars 1673, par lequel Colbert constituait le *régime hypothécaire* tel, ou peu s'en faut, que nous l'avons encore aujourd'hui. En créant des bureaux d'enregistrement des hypothèques auprès des siéges présidiaux, son but était de donner une garantie de plus à la propriété et, en même temps, aux transactions commerciales. Mais les nobles poussèrent de si hauts

---

[1] Voir plus loin.
[2] Cependant nous avons un nouveau Code forestier qui date de 1827.

cris contre un règlement qui, en cas d'emprunt, les forçait de révéler l'état réel de leurs propriétés, et de laisser prendre sur elles un gage effectif et bien défini, que, dès 1674, le roi crut devoir révoquer l'édit.

Cette suite d'innovations fut complétée par l'introduction de l'étude du *droit civil* dans l'Université de Paris, et par l'érection du *grand conseil* en une sorte de cour de cassation, de tribunal suprême chargé d'évoquer certaines causes, d'interpréter les lois et d'annuler les sentences des cours prévôtales, aussi bien que des siéges présidiaux. Enfin, deux nouveaux parlements seront plus tard établis à Douai et à Besançon, afin de porter dans les deux provinces récemment conquises, la Flandre et la Franche-Comté, les principes de la nouvelle législation française.

V

Les ordonnances dont nous venons de parler avaient pour but la réformation de la justice : il ne restait plus, pour compléter l'ensemble des institutions administratives, qu'à établir une haute magistrature de *police*. La ville de Paris ne ressemblait guère, à cette époque, à ce qu'elle est aujourd'hui : la surveillance des rues y était faite d'une façon plus que sommaire par des soldats et agents, souvent complices des malfaiteurs qu'ils étaient chargés de poursuivre. Pendant la nuit la ville était plongée dans une épaisse obscurité, et il fallait des cas urgents pour qu'on allumât des flambeaux : aussi chacun sortait-il avec son falot, et les plus prudents demeuraient chez eux après le coucher du soleil. Comme les rues n'étaient point pavées, et que l'édilité ne songeait pas à en assurer le nettoiement régulier, on peut aisément imaginer les marécageuses ordures qui s'y amassaient; c'était bien encore la vieille ville de boue, la fangeuse *Lutèce* des Romains. En ce qui regardait les constructions, la question d'alignement n'existait même point; à chaque pas, la voie publique était obstruée par des escaliers extérieurs ou par les saillies des maisons ou des boutiques. Les incendies étaient fréquents; mais le plus terrible fléau, c'étaient les débordements de la Seine, qui, naguère encore, au temps de la Fronde, avait inondé tous les bas quartiers.

Ajoutons que les filous et les malandrins avaient, au cœur même de la capitale, des endroits de refuge où chaque bande établissait une sorte de quartier général : c'est ainsi que l'enceinte même du palais du Luxembourg, le Temple, et la Commanderie de Saint-Jean-de-Latran, servaient de lieu d'asile à des voleurs de profession. En plein jour, des rixes s'engageaient, des meurtres même se commettaient jusque dans les galeries du Palais. Ni le corps de ville (*prévôt des marchands, échevins, quarteniers,* etc.), auquel appartenaient la juridiction, l'approvisionnement et l'économie de la grande cité, ni le lieutenant civil du prévôt de Paris [1], ne pouvaient assurer suffisamment le repos commun et la salubrité publique. Il y avait lieu d'aviser, et c'est ce que fit Colbert.

Au mois de mars 1667, il créa, sous le nom de *lieutenant général de police,* un magistrat spécial, avec des attributions fort étendues. Il avait à prendre toutes les mesures d'hygiène et de sûreté nécessaires, à veiller aux subsistances, grosse question dans une ville dont la population allait s'accroissant chaque jour, à régler les étaux des boucheries, à visiter les halles, foires et marchés, hôtelleries, auberges, maisons garnies ou mal famées, à vérifier les poids et balances, enfin à prévenir ou à réprimer les désordres ou les contraventions de toutes sortes aux règlements commerciaux et industriels. En cas de flagrants délits, le lieutenant de police jugeait seul et sommairement tout délinquant auquel il n'y avait pas lieu d'appliquer des peines afflictives, c'est-à-dire corporelles; sinon, il déférait le coupable au présidial. Le premier lieutenant de police fut le fameux la Reynie, qui présida plus tard (1680) la *chambre ardente* instituée contre la marquise de Brinvilliers les empoisonneurs. Un conseil de police organisé par Colbert, et placé sous la présidence de Pussort,

[1] Le prévôt de Paris était un magistrat d'épée nommé par le roi; il ne faut pas le confondre avec le prévôt des marchands, chef électif de la municipalité.

travailla obstinément, de concert avec la Reynie, à la transformation et à l'assainissement de la ville. On commença par établir un éclairage de nuit au moyen de cinq mille fanaux ou lanternes, pâle lumière comparée aux splendeurs rayonnantes du gaz moderne; mais, pour le temps, l'innovation était considérable : elle parut presque féerique, et chaque cité importante du royaume se hâta de l'appliquer. Les rues furent pavées, les immondices en furent enlevées régulièrement. Les quais, qui tombaient en ruine, furent restaurés, et, là où il n'y en avait pas, on en construisit. Puis, comme la ville étouffait dans ses limites trop étroites, on rasa les murs du côté du nord, on combla les fossés, et, sur ces terrains aplanis, on commença d'élever ces *boulevards* plantés d'arbres qui, de la Madeleine à la Bastille, faisaient, récemment encore, le plus bel ornement de Paris.

Colbert et la Reynie se préoccupèrent aussi d'assurer la distribution des eaux dans la ville; entreprise alors fort difficile, dont il n'a été donné qu'à notre époque de voir la complète réalisation. Quant aux mesures de pure police, il fut défendu, sous des peines sévères, à tous pages et laquais de sortir avec des armes et des bâtons, et, comme nous l'avons dit déjà, on s'efforça de purger la voie publique des mendiants et aventuriers. Le *guet* primitif étant insuffisant, on créa une nouvelle garde à pied et à cheval, qui devait veiller

4*

nuit et jour à la sûreté de la ville. Les commissaires du *Châtelet*[1] furent responsables du maintien de l'ordre à Paris et dans le reste de la France ; en les protégeant contre la jalousie des parlements, on ranima le zèle des *prévôts des maréchaux*, ces juges d'épée institués par François Ier pour faire prompte justice de tous vagabonds et voleurs[2].

En décembre 1672, une grande *ordonnance de police*, dont les principales dispositions sont encore aujourd'hui en vigueur, régla l'approvisionnement de la capitale : cette ordonnance prévenait les accaparements de marchandises, les coalitions entre marchands, à l'effet de faire hausser les prix au détriment du consommateur ; elle obligeait les producteurs, dans un certain rayon autour de Paris, à envoyer leurs denrées sur le marché de cette ville ; enfin, elle abolissait le vieux monopole de *marchands de l'eau*, ou *hanse* parisienne, « pour laisser l'entière liberté au commerce et exciter les marchands trafiquant sur les rivières d'amener des provisions à Paris[3]. »

Un autre édit, en date de février 1674, suppri-

[1] Le *Châtelet* était une forteresse qui s'élevait près de la Seine, en face de la cité, elle était le siége du *présidial*, tribunal d'appel intermédiaire entre le ressort du *bailliage* et celui du *parlement*.

[2] Ils avaient sous leurs ordres une garde à cheval, composée de trente-trois compagnies d'*archers*, qui s'appelait la *maréchaussée*.

[3] V. *Anciennes Lois françaises*, t. XVIII.

mera les seize *justices seigneuriales* qui existaient encore dans une partie de la ville et surtout dans les faubourgs, et en réunira les ressorts au siége présidial du Châtelet [1].

Comme complément à ces mesures de police et d'ordre général, Colbert s'applique à réformer le régime des prisons, et, sur l'avis de son ministre, le roi ordonne de sévères enquêtes à ce sujet. Les notes et rapports circonstanciés qui s'ensuivirent prouvèrent que, non-seulement à la Bastille, mais dans presque toutes les prisons, les détenus, plongés dans d'infects cachots, y étaient à la merci de leurs geôliers ; nulle protection, nul contrôle contre ces tyrans souterrains, qui rançonnaient leurs victimes et parfois les torturaient à leur fantaisie.

D'un commun accord, le roi et le ministre mirent ordre à ces duretés trop révoltantes, et si dès lors le régime des prisons ne devint pas tel que l'humanité ou l'équité le demandaient, du moins supprima-t-on bien des abus et des cruautés qui, depuis un temps immémorial, étaient passés en usage et presque en loi [2].

---

[1] Il resta cependant à Paris, jusqu'en 1789, deux juridictions féodales : celle du prieuré de Saint-Martin-des-Champs, et celle de l'abbaye de Saint-Germain-des-Prés.

[2] On voit par exemple, dans la *Correspondance administrative sous Louis XIV*, que les prisonniers d'État, les mieux traités à coup sûr, n'avaient ni bois ni lumière, et qu'ils en étaient réduits à une livre de pain bis par jour.

CHAPITRE IV

AGRICULTURE, COMMERCE ET INDUSTRIE

Le commerce des grains; règlements en faveur de l'agriculture; multiplication des bestiaux; Code forestier. — Création de routes et de canaux; l'ingénieur Riquet et le canal du Languedoc. — Mesures concernant le commerce. — L'industrie et les corporations. — Règlements sur les fabriques et manufactures; vastes créations. — Tarif douanier de 1664. — Ordonnance de commerce. — Statistique commerciale et industrielle de la France sous Colbert.

I

Les impôts, alors comme aujourd'hui, étaient fournis presque exclusivement par l'agriculture, l'industrie et le commerce.

Nous avons déjà parlé des mesures prises par Colbert au sujet des grains, et des inconvénients du système dont ce ministre, pourtant si décisif parfois, n'osa pas se départir. L'exportation était tantôt permise, tantôt défendue, selon les arrêts rendus par le conseil. La récolte avait-elle été médiocre, avait-on quelque inquiétude sur le rendement de la prochaine moisson, un arrêt prohibitif paraissait aussitôt. La plupart du temps, l'exportation était interdite, à cause de la présence des troupes qu'il s'agissait de nourrir dans leurs quartiers d'hiver; c'est ainsi que, de 1669 à 1683, elle est prohibée huit fois, autorisée huit fois. De pareils règlements n'étaient pas faits pour encourager le cultivateur, qui se voyait toujours sous le coup d'arrêts contradictoires, et ne pouvait, quand la valeur vénale de toutes les denrées croissait autour de lui, augmenter à son gré le prix de ses produits. Le tort de Colbert était d'appliquer à l'agriculture son système formaliste et réglementaire, et de faire, en quelque sorte, intervenir l'État comme une providence en possession de dispenser, suivant le vulgaire dicton, la pluie et le beau temps.

En dehors de cette question des blés, ses efforts pour améliorer le sort du cultivateur furent efficaces. Nous avons dit plus haut quel fut l'allégement graduel des tailles et de la gabelle, impôts supportés presque exclusivement par les classes agricoles. Dans sa sollicitude pour elles, Colbert ordonnait à ses intendants d'examiner « si les paysans se rétablissent un peu, comment ils sont habillés, meublés, et s'ils se réjouissent davantage les jours de fête et dans l'occasion des mariages qu'ils ne faisaient ci-devant ». Non content de promettre des gratifications aux receveurs des tailles qui feraient rentrer l'impôt au terme fixé

« sans poursuites ni contraintes », il renouvelle la défense déjà faite par Sully de saisir les charrues et ustensiles servant au labour et à la culture des vignes ou prés, même pour le paiement des charges publiques. Dans ce cas, le trésor lui-même renonçait à son privilége ; d'où le dicton : « Là où il n'y a rien, le roi perd son droit. » De plus, afin d'engager la noblesse à s'occuper d'agriculture, il fait décider que tout gentilhomme qui cultiverait ses terres jouirait d'une pension dont la quotité serait de deux mille francs lorsqu'il aurait douze enfants, et de mille lorsqu'il en aurait dix. Plus tard, cette dernière faveur fut également accordée aux taillables dont la famille était de douze enfants. Enfin, le droit de *pied fourché* sur le bétail est aboli à vingt lieues autour de Paris, et, en cas de saisie, on devrait laisser aux gens saisis au moins une vache, trois brebis et deux chèvres.

La belle *ordonnance* d'avril 1667, sur les *biens communaux* aliénés, s'exprime ainsi : « Pour dépouiller les communautés, on s'est servi de dettes simulées, et l'on a abusé des formes de la justice. Ainsi ces communaux, qui avaient été concédés aux habitants des lieux, afin de leur donner moyen de nourrir des bestiaux et de fertiliser leurs terres par les engrais, en ayant été aliénés [1], les habitants, privés des moyens de

---

[1] Les riches bourgeois qui avaient accaparé les offices municipaux, tantôt s'étaient constitués les prêteurs d'em-

faire subsister leurs familles, ont été forcés d'abandonner leurs maisons, et, par cet abandon, leurs bestiaux ont péri, les terres sont demeurées incultes, les manufactures et le commerce ont souffert. A ces causes, sous un mois, les habitants des paroisses et communautés, dans toute l'étendue du royaume, rentreront, sans formalités de justice, dans les prés, bois, terres, usages, etc., et dans tous biens communaux par eux vendus ou baillés à baux à cens ou emphytéotiques, depuis 1620, en remboursant en dix ans le principal des aliénations, avec intérêt au denier vingt-quatre.

« Les sommes nécessaires pour lesdits remboursements seront levées sur tous les habitants, *même les exempts et les privilégiés.*

« Tous les seigneurs qui auront élevé des prétentions sur le droit de *tiers* dans les communaux, depuis 1630, en sont déboutés ; ceux qui auront des titres et une possession antérieure à 1630 ne pourront user que dudit *tiers* à eux maintenu, et ni eux ni leurs fermiers ne pourront user du communal, à peine de réunion de leur *tiers* au communal.

« Le roi remet aux communes le droit de *tiers* qui peut lui appartenir, sauf réserve du

---

prunts énormes qu'ils avaient fait contracter à leurs villes, tantôt s'étaient fait adjuger à vil prix les communaux aliénés ; le premier résultat de cet abus, c'était la disparition du bétail dans la banlieue de ces villes.

tiers et danger dans les forêts (tiers et dixième, 13 sur 30)[1]. »

Deux ans après, en 1669, Colbert se fit remettre un état des dépenses et des revenus des communes, avec les comptes rendus administratifs. En 1671, il obligea les villes à venir en aide aux villages dans cette liquidation des dettes communales, et, chose nouvelle, les campagnes, accoutumées à payer pour les villes, voyaient cette fois les rôles s'intervertir.

L'ordonnance de 1667, qui libérait les communes, ajoutait la prescription suivante : « Attendu qu'il serait impossible de rétablir la culture des terres et de les améliorer par les engrais en laissant les bestiaux sujets aux saisies, nous défendons aux huissiers et aux sergents de saisir ni de vendre aucuns bestiaux pendant quatre années, soit pour dettes de communautés ou particulières, à peine d'interdiction et de 3,000 livres d'amende, sans préjudice du privilége des créanciers qui auront donné des bestiaux à cheptel, et des propriétaires des fermes et terres pour leurs loyers et fermages. » Cette interdiction fut renouvelée tous les quatre ans par Colbert, et, grâce à ces mesures tutélaires, en 1670 les bestiaux s'étaient si bien multipliés en France, que le ministre pouvait en permettre l'exportation aux îles d'Amérique « à tous marchands français, négociant aux dites îles ».

[1] *Anc. Lois françaises*, t. XVIII.

Si le bétail de ferme fait les récoltes abondantes et enrichit le laboureur, l'accroissement et l'amélioration des races chevalines ne concourent pas moins à la prospérité de l'agriculture. C'est dans cette pensée que Colbert, par un arrêt du conseil (octobre 1665), non-seulement rétablit les *haras*, que les guerres et l'incurie de l'administration avaient ruinés, mais en crée de nouveaux, afin que « les sujets du roi ne soient plus obligés de porter leurs deniers dans les pays étrangers pour achats de chevaux ». Il décide en outre que les cavales et leurs poulains ne pourront être saisis pour tailles, impôts, ni dettes de communauté.

Par le Code forestier de 1669, dont nous avons déjà parlé, Louis XIV et son ministre ne favorisèrent pas moins les intérêts de l'agriculture. Depuis longtemps, depuis Charlemagne même, le service des *eaux et forêts* avait été l'objet de nombreux remaniements ; chaque règne y avait apporté en quelque sorte son alluvion d'ordonnances, de lois confuses et contradictoires. Or, sans un bon aménagement des forêts, point de bois de construction ; sans bois de construction, point de marine. Colbert, qui rêvait pour la France un vaste empire sur l'Océan[1], se hâta d'arrêter le déboisement du royaume. Il commença par faire mesurer exactement la contenance et l'étendue des

---

[1] Voyez chapitre v.

terrains boisés ; puis il détermina le mode de conservation et d'aménagement, l'opportunité des défrichements, régla les coupes, les ventes et les quantités de bois à maintenir obligatoirement en haute futaie. En même temps, l'entretien des routes forestières, des chemins de halage le long des rivières, fut strictement assuré, et toute pente nue à forte inclinaison devait être immédiatement boisée, « disposition d'une admirable prévoyance, dit un historien [1], qui, si on l'eût su maintenir, eût épargné à la France les conséquences les plus funestes du déboisement des montagnes. »

II

Mais à tous les produits du sol, à toutes les denrées il faut des routes, des moyens de transport par terre et par eau. Déjà Henri IV et Sully avaient ouvert de nombreuses voies au commerce et à l'industrie; mais le grand réseau des routes royales, qui s'est complété peu à peu jusqu'au temps de l'invention des chemins de fer, n'était pas encore commencé. Le premier coup de pioche fut donné sous Colbert, et l'œuvre si vite menée qu'en 1687 Mme de Sévigné, se rendant de la Charité à Nevers, pouvait écrire à sa fille : « C'est une chose extraordinaire que la beauté des routes; on n'arrête pas un seul moment; ce sont des

[1] Henri Martin, t. XIII.

mails et des promenades partout, toutes les montagnes aplanies; la rue d'Enfer un chemin de paradis. » Quant à ces péages vexatoires dont nous avons parlé au chapitre des *Impôts*, on les supprima sur tous les chemins, ponts, écluses et rivières où quelque droit ou nécessité ne commandait pas de les maintenir. Enfin, l'exécution du *canal des deux mers*, entre l'Océan et la Méditerranée, vint encore ajouter à la facilité des communications.

Depuis le XVIe siècle, ce projet était la préoccupation des ministres et des ingénieurs. N'était-ce pas, en effet, chose fâcheuse et dommageable que notre commerce naval, pour passer d'une mer à l'autre, fût obligé de faire le tour de l'Espagne? Puis, en cas de disette, n'y avait-il pas urgence à pouvoir transférer les grains de Languedoc en Guyenne? Plus d'une fois, sous François Ier, sous Charles IX, sous Henri IV et sous Louis XIII, la question avait été discutée en conseil; mais l'entreprise paraissait encore trop difficile. Jamais les Romains, ces audacieux remueurs de terres et de pierres, avaient-ils rien essayé de comparable? Ce qui rendait l'œuvre ardue, c'était la différence de niveau entre le haut et le bas Languedoc; c'était, en outre, la sécheresse et, pour ainsi dire, la rébellion du terrain. Un contre-fort des Cévennes, connu sous le nom de *Montagne-Noire*, s'échappe, on le sait, comme une arête gigantesque, dans la direction des Pyrénées : comment confisquer au profit du canal projeté les eaux de ce grand rameau transversal? Heureusement il y avait alors dans ces contrées un homme, un officier de finance, ayant peu d'études littéraires, ou même mathématiques, « n'entendant ni grec ni latin, comme il le disait lui-même, et sachant à peine parler français, » mais doué, comme l'a prouvé l'événement, d'une intuition vraiment merveilleuse. Il s'appelait Pierre-Paul Riquet; il était seigneur de Bonrepos, et possédait précisément au pied d'une montagne une propriété où, depuis plusieurs années, il faisait des essais géométriques, afin de trouver la solution du grand problème de la jonction des deux mers. Un jour il écrivit à Colbert qu'il en tenait le moyen : « Vous vous étonnerez, disait-il, que j'entreprenne de parler d'une chose qu'apparemment je ne connais pas, et qu'un *homme de gabelle* se mêle de nivelage. Mais vous excuserez mon entreprise, lorsque vous saurez que c'est de l'ordre de Mgr l'archevêque de Toulouse que je vous écris. » En effet, l'archevêque de Toulouse, et d'autres personnages considérables, étaient allés avec Riquet étudier le projet sur les lieux mêmes, et avaient partagé sa conviction. Riquet avait trouvé le point de partage des eaux entre les deux petites rivières de Fresques et de Lers, affluents l'une de l'Aude, et l'autre de la Garonne, en un endroit élevé de deux cent cinquante-trois mètres au-dessus de la mer, endroit nommé *Pierres-de-Naurouse*, et c'est en ramassant, au travers des escarpements de la Montagne-Noire, plusieurs ruisseaux éloignés, que Riquet alimentait le canal projeté.

Colbert, dont l'esprit allait droit aux grandes idées, et ne rejetait aucun plan sans l'avoir examiné mûrement, résolut de se faire le patron de l'entreprise, et on vit alors cette chose rare dans tous les siècles, un inventeur, un homme de génie, qu'on ne traitât pas de fou ou de visionnaire, à qui, tout au contraire, un ministre prêtât les mains tout d'abord.

Voici comment Riquet obtint les premières sommes nécessaires à l'entreprise : « Le contrôleur général (Colbert) témoigna l'impossibilité où il était de fournir des fonds... Riquet ne se rebuta point et eut recours à l'adresse. Il répondit au ministre que, puisqu'il ne pouvait venir à son secours, il imaginait un moyen qui infailliblement lui procurerait des capitaux s'il voulait le favoriser. Colbert lui demanda ce que c'était; Riquet lui dit qu'étant occupé de renouveler le bail des fermes, il ne lui demandait que la permission de pouvoir entrer dans son cabinet, lorsqu'il y serait enfermé avec les principaux fermiers généraux : Colbert y consentit.

« En effet, quelques jours après, le ministre ayant chez lui une assemblée de financiers, Riquet tourna la clef du cabinet, y entra et s'assit dans un coin, sans dire mot à personne et sans que personne lui parlât. Il remarqua, comme il l'avait prévu, sur la physionomie de ces messieurs, un peu d'inquiétude de le voir là. On devait naturellement penser qu'il n'usait de tant de liberté qu'à titre d'un de ces hommes que les ministres emploient quelquefois pour approfondir les choses, surveillants toujours fâcheux pour des traitants, et qu'il leur importe de captiver.

« Au sortir de l'assemblée, il fut accosté par quelques-uns des fermiers généraux, qui cherchèrent à pénétrer d'où lui venait l'entrée du cabinet de M. Colbert, et à quelle fin il en usait. Il leur répondit assez froidement qu'il était bien aise de voir par lui-même comment les choses se passaient, et les quitta brusquement, ce qui les confirma dans l'opinion que Riquet avait la confiance du ministre, et qu'il fallait le gagner.

« Les choses s'étant passées de même à une seconde assemblée, Riquet fut encore accosté après la séance. On ne lui fit plus de questions ; mais on lui parla de son canal, dont on exalta l'invention et l'utilité, et l'on finit par offrir de lui prêter 200,000 livres ; il répondit tout aussi brusquement que la première fois, en tournant le dos, qu'il n'avait pas besoin d'argent. Une telle réponse, en style ordinaire, signifie qu'en effet on ne veut point d'argent ; mais, dans les circonstances pareilles à celle-ci, cela veut dire : ce n'est pas assez. Les fermiers généraux le comprirent, et, à la sortie d'une troisième assemblée, ils proposèrent un prêt de 500,000 livres. Alors le visage de Riquet se dérida ; il remercia beaucoup ces messieurs, en leur disant toutefois qu'il ne pouvait accepter leur proposition sans l'agrément du ministre. Il rentra dans son cabinet, et lui rendit compte de ce qui venait de se passer. Colbert ne put s'empêcher de rire de la sottise des fermiers généraux et de l'adresse de Riquet; il dit à ce dernier qu'il pouvait prendre l'argent qu'on lui offrait [1]. »

Quand une première rigole d'essai eut prouvé l'excellence du plan de Riquet, les travaux commencèrent ; mais il y fallut, comme dans toutes les grandes œuvres, une ardeur continue de foi et de persévérance. Les clameurs de l'envie s'élevaient contre l'inventeur : bien des gens, dans le pays, pronostiquaient l'insuccès de l'entreprise ; car, outre les préjugés de l'ignorance et la désapprobation naturelle qu'excitent toutes les nouveautés, plus d'un gardait rancune de n'avoir pas été payé au double ou au triple du lopin de terre dont on l'avait exproprié. N'avons-nous pas vu plaintes semblables se reproduire de nos jours dans des circonstances à peu près analogues, lors de la construction des chemins de fer, par exemple ? Les hommes ont, en tout temps, mêmes passions : d'ailleurs il suffit d'une voix qui blâme pour provoquer un chorus de plaintes et de critiques. Cependant, quand on vit la rigole apporter

---

[1] *Histoire financière de la France*, par J. Bresson, t. I.

les eaux de la Montagne-Noire au bassin de Naurouse, on changea de ton, et, comme c'est l'ordinaire en pareil cas, on passa subitement de l'extrême mécontentement à l'extrême enthousiasme.

Durant près de quinze années, dix à douze mille ouvriers travaillèrent à cette grande entreprise, déchirant le sol par des saignées de vingt lieues et plus, pour arracher les torrents aux flancs des monts, construisant soixante-quinze écluses, d'énormes barrages pour prévenir les sécheresses, creusant enfin des lacs artificiels de cent vingt pieds de profondeur, pour la retenue des eaux. Pas un instant la sollicitude de Colbert ne fit défaut à Riquet, bien que le prix du canal n'allât pas à moins de 17 millions (près de 40 millions de notre monnaie actuelle), et ce canal fut, suivant l'expression de Daguesseau, l'âme et la vie du Languedoc [1].

III

En même temps que Colbert pressait l'œuvre de canalisation du pays, il réorganisait le *conseil de commerce,* qui avait été établi par Henri IV, dès 1602. Il fut décidé en 1665 que dix-huit villes [2] nommeraient chacune, tous les ans, deux

[1] De 1670 à 1692, exécution d'un autre canal, celui d'Orléans à Montargis.
[2] Dunkerque, Calais, Abbeville, Amiens, Dieppe, le Havre, Rouen, Saint-Malo, Nantes, la Rochelle, Bordeaux, Bayonne, Tours, Narbonne, Arles, Marseille, Toulon, Lyon.

marchands, et que parmi les dix-huit premiers élus, le roi en choisirait trois qui formeraient près de sa personne le conseil dont il s'agit ; les dix-huit seconds élus s'assembleraient partiellement dans les provinces, sur convocation, et feraient connaître au conseil les besoins locaux du commerce.

De 1669 à 1670, le ministre crée une *chambre des assurances* à Marseille ; il établit en outre des *entrepôts* dans toutes les villes maritimes, « dans le but, disait l'édit, d'augmenter encore la commodité des négociants, en leur donnant la facilité de se servir des ports du royaume comme d'un entrepôt général, pour y tenir toutes sortes de marchandises, soit pour les vendre en France, soit pour les transporter hors du royaume, moyennant la restitution des droits d'entrée qu'ils auraient payés. »

Un autre édit, de la même date, satisfaisait aux vœux des cahiers du deuxième ordre aux états généraux de 1614, en déclarant que le *commerce de mer* ne déroge pas à la noblesse : « Comme il importe au bien de nos sujets et à notre propre satisfaction d'effacer entièrement les restes d'une opinion, qui s'est universellement répandue, que le commerce maritime est incompatible avec la noblesse, et qu'il en détruit les priviléges, nous avons estimé à propos de faire entendre notre intention sur ce sujet, et de déclarer le commerce de mer ne pas déroger à la noblesse, par une loi qui fût rendue publique et généralement reçue dans toute l'étendue de notre royaume. »

Ainsi, le monde commercial allait se trouver officiellement agrandi par l'adjonction du deuxième ordre.

Enfin, en 1671, car, avec ce ministre si actif, les ordonnances ne tardaient guère, parut celle que nous avons annoncée déjà sur l'*uniformité des poids et mesures;* malheureusement l'esprit local et de routine en empêcha l'effet.

Mais le plus grand projet de Colbert était de relever les industries en souffrance, de créer celles qui manquaient, d'attirer en France tous les genres de fabrication qui y étaient possibles, d'imposer aux fabricants les procédés de travail reconnus pour être les meilleurs, enfin de diminuer le nombre des douanes intérieures.

IV

Voyons d'abord quel était l'état de l'industrie au milieu du XVIIe siècle : personne n'ignore que l'industrie, sous l'ancien régime, au lieu d'être libre comme aujourd'hui, était organisée en *corporations,* ayant pour chefs des *syndics, jurés, gardes du métier, prud'hommes,* etc. Cette organisation, qui remonte d'ailleurs à une haute antiquité, puisqu'on la retrouve jusque dans l'empire romain, avait été une nécessité du moyen âge, alors que, la loi étant insuffisante pour protéger les individus, ceux-ci étaient forcés de s'unir pour défendre leurs droits et leurs intérêts. On le sait aussi, pour exercer un métier en qualité de *maître*, il fallait commencer par être *apprenti*, souvent fort longtemps, huit ou dix ans ; puis, l'apprentissage terminé, commençait le *compagnonnage*, très-long aussi ; et, dans la plupart des métiers, on était tenu en outre d'exécuter ce qu'on appelait le *chef-d'œuvre*, c'est-à-dire un ouvrage attestant la capacité de l'artisan, et sur lequel les prud'hommes prononçaient, s'il y avait lieu, la réception. Ainsi, de même que les nobles s'étaient enfermés dans leurs châteaux forts des montagnes, les villes dans leurs murailles, les hommes d'étude et de piété dans leurs cloîtres, de même le travail industriel s'était enfermé dans une sorte de citadelle, dont on ne pouvait forcer l'entrée qu'à de certaines conditions. Peu à peu, cependant, la royauté fit brèche, et souvent, dans l'intérêt général, car le système des corporations avait autant et plus d'inconvénients que d'avantages. « La corporation, dit un savant économiste [1], ne se contentait pas d'élever des barrières autour de l'apprentissage et de la maîtrise, et de se tenir en quelque sorte sur la défensive. Elle attaquait et poursuivait impitoyablement la concurrence partout où elle croyait l'apercevoir. Sa défiance et

[1] M. E. Levasseur, de l'Institut, *Histoire des classes ouvrières jusqu'en* 1789, t. II.

sa jalousie étaient extrêmes; elle croyait voir partout des rivaux et des ennemis. Un ouvrier cherchait-il à gagner humblement sa vie en travaillant pour son propre compte sans être reçu maître, elle le traquait, saisissait ses marchandises, ses outils, et le contraignait à rentrer dans l'atelier d'un patron, ou à mourir de faim. Un artisan exerçait-il quelque profession nouvelle, ayant une certaine analogie avec la sienne, se servait-il seulement de quelque instrument ou de quelque matière sur lesquels elle s'arrogeait des droits : elle saisissait encore et faisait fermer la boutique. »

Puis, les métiers étant subdivisés à l'infini et ayant chacun ses statuts, c'était matière à des querelles souvent bizarres, ou à des procès ridicules; par exemple, fruitiers plaidant contre épiciers et pâtissiers, cabaretiers et taverniers contre boulangers et charcutiers, cordonniers contre savetiers, tisserands contre drapiers, etc. Le différend des tailleurs et des fripiers fut un des plus célèbres : il s'agissait de la distinction à établir entre un habit neuf et un vieil habit; le procès dura deux cent quarante-six ans. Celui des poulaillers et des rôtisseurs ne dura que cent vingt ans, mais il ne fut pas moins passionné : les rôtisseurs prétendaient avoir le droit de vendre de la volaille et du gibier cuits; on remonta jusqu'aux statuts de 1298, et enfin, en 1628, il fut décidé par un arrêt que les rôtisseurs ne pouvaient faire « ni noces ni festins », et devaient se borner à « vendre chez eux, et non ailleurs, trois plats de viande bouillie et trois de fricassée ».

De bonne heure donc les rois, qui enfonçaient le coin ici, comme partout ailleurs, intervinrent dans le monde industriel. Ils n'entendaient pas détruire la corporation ; ils ne voulaient que l'assujettir à leur autorité, et, dans cette vue, ils se mirent à délivrer de leur chef des *lettres de maîtrise*. La grande ordonnance rendue par Henri III en 1581 prétendit de plus réformer toute l'organisation des métiers, pour les régler sur un plan uniforme. Beaucoup de petites villes en France n'avaient pas adopté le régime des corporations, et, dans les grandes cités, quelques métiers n'avaient ni jurés ni statuts : l'ordonnance de 1581 voulut que la corporation devînt une loi universelle ; mais en même temps elle la rendit moins étroite et plus accessible, en abaissant les barrières qui séparaient jusqu'alors les villes des faubourgs, et parquaient les maîtres et les métiers dans un rayon déterminé. Désormais, de par la volonté du roi, tous maîtres reçus à Paris purent exercer leur profession dans tout le royaume ; tous ceux reçus dans une ville de parlement, dans tout le ressort de ce parlement ; les maîtres des faubourgs, après trois années d'exercice, furent admis à s'établir dans la ville ; enfin un autre article autorisait tout artisan à se faire recevoir à la fois dans deux métiers du même genre, moyennant deux chefs-d'œuvre. Il est vrai que, comme rançon de ces franchises, la royauté prélevait à son profit un impôt sur le travail ; car, avant de prêter serment, tout maître devait payer au receveur des deniers royaux un droit déterminé et variable, suivant l'importance de la ville. De plus, l'ordonnance prononçait l'abolition des *banquets* et *confréries*, qui n'étaient pour l'ouvrier qu'occasions de dépenses et d'orgies.

Une fois entrée dans cet ordre de réforme, la royauté ne s'arrêta pas. Elle prit bientôt sur elle de dispenser l'artisan de l'obligation du chef-d'œuvre. Déjà, sous Henri IV, il y avait à Paris plusieurs endroits privilégiés où les hommes de métier avaient le droit de s'établir sans cette condition préalable, et sans avoir reçu le brevet de maîtrise : c'étaient l'enclos du Temple, le faubourg Saint-Antoine, le faubourg Saint-Marcel, les galeries du Louvre. De plus en plus, ces dérogations à l'ancien système se multiplièrent. Enfin, aux états généraux de 1614, le tiers état avait protesté vivement contre le régime même que l'industrie avait conservé depuis le moyen âge; il voulait que toutes les maîtrises créées depuis 1576 fussent supprimées, qu'il n'en fût pas institué d'autres, et que l'exercice des métiers « fût laissé libre à tous les pauvres sujets du roi, sauf visite de leurs ouvrages par les experts et prud'hommes; de plus, que l'exercice des métiers ne fût dorénavant soumis à aucun impôt, et que nul marchand n'eût rien à payer, ni pour sa réception comme maître, ni pour *lèvement de boutique* ». Ces vœux du tiers état n'avaient pas été exaucés.

Telle était la situation industrielle à l'avénement de Colbert. Il avait à prendre l'un de ces deux partis : ou supprimer des institutions vieillies, qui n'avaient plus d'utilité sous un gouvernement désormais assez fort pour protéger, en dehors de ces sociétés de défense mutuelle, la personne et les droits de chacun ; ou se servir des corporations comme d'un élément d'ordre pour la société et d'une source de revenus pour le trésor, généraliser, au nom de la royauté et dans une vue centralisatrice, le système de la réglementation, rattacher enfin étroitement, par la surveillance administrative, les classes laborieuses au pouvoir.

V

Abolir les corporations, Colbert, on le comprend du reste, n'y pouvait songer. Réglementer le régime existant, en confisquer, dans une pensée d'utilité générale, toutes les forces vives et, pour ainsi dire, tous les rouages, tel fut le plan du ministre de Louis XIV, et ce plan, il l'exécuta avec cette volonté ferme qu'il tenait de la nature et cette puissance d'action que donnent les franches coudées de l'absolutisme.

De ce qu'il voyait se produire sur les marchés

quelques marchandises d'une qualité médiocre, il crut qu'il fallait resserrer les liens de la vieille législation des maîtrises, qui enlaçait dans son réseau toute l'industrie du royaume. Ce fut l'objet d'une cinquantaine de règlements, sur les *manufactures* et *fabriques* du royaume, rendus de 1666 à 1683. Il faut, se disait Colbert, que la France arrive à se passer des draps de l'Angleterre et de la Hollande, des tapisseries de la Flandre, des glaces et des soieries de l'Italie, etc. Le moyen d'atteindre ce but, c'est d'obtenir la perfection des produits fabriqués, en maintenant une surveillance et un contrôle sévères sur les fabricants et sur leurs marchandises. Mais ce contrôle, comment l'établir? En organisant tous les corps de métiers en corporations, en maîtrises, suivant l'idée de l'ordonnance de 1581, tombée en désuétude dans la pratique, et en les soumettant à des statuts et règlements rigoureux.

De là une suite d'ordonnances s'appliquant, non-seulement à la *qualité*, mais jusqu'à la *longueur*, à la *largeur* des draps, serges et autres étoffes de laine, aussi bien qu'à la fabrication des draps de soie et des tapisseries. Une *instruction générale pour la teinture des laines de toutes couleurs, et pour la culture des drogues et ingrédiens qu'on y emploie*, n'avait pas moins de trois cent soixante et onze articles. « C'était plus qu'un code, dit l'économiste que nous avons déjà cité[1];

[1] M. E. Levasseur, *Histoire des classes ouvrières*.

c'était en même temps un manuel du teinturier. On y classait les couleurs en simples et en composées; on en définissait la nature, on analysait les propriétés, et, comme la science n'était pas encore bien avancée de ce côté, on s'y égarait parfois dans des hypothèses qui ressemblaient plus aux rêveries d'un alchimiste qu'aux prescriptions d'un législateur [1]. »

On voit jusqu'à quel point Colbert poussait le soin même du détail. Quant à l'application, chaque maître devait recevoir une copie des règlements et prendre l'engagement écrit de s'y conformer. Sur toute pièce d'étoffe devait être inscrit le nom du tisserand et adjoint un échantillon des couleurs par lesquelles elle avait passé; enfin ordre était donné aux maires d'établir dans chaque hôtel de ville un bureau où les pièces devaient être visitées et marquées du sceau royal.

[1] On en pourra juger par la citation suivante: « Comme les quatre premières couleurs simples, qui sont le bleu, le rouge, le jaune et le fauve, peuvent être comparées aux quatre éléments, les trois premières aux transparents et lucides, et le dernier à l'opacité de la terre; de même, le noir peut être comparé à la nuit et à la mort, puisque toutes les autres couleurs se brunissent et s'ensevelissent dans le noir. Mais, comme la mort donne fin à tous les maux de la vie, il est aussi nécessaire que le noir donne fin à tous les défauts des couleurs qui arrivent par le manque (la faute) du teinturier ou de la teinture, ou de l'usage qui change suivant le temps et le caprice des hommes. Car ainsi, il n'est ni raisonnable ni utile au public qu'une étoffe qui manquera de débit, demeure la proie du ver et de la teigne dans un magasin, pendant qu'on la peut vendre en la faisant teindre en noir. »

D'autres instructions, en trois cent dix-sept articles, furent rédigées pour les teinturiers, partagés en deux catégories, ceux *de grand et bon teint*, et ceux de *petit teint*. Il y eut même jusqu'à un édit concernant la corporation des *barbiers-perruquiers-baigneurs-étuvistes ;* un article de cet édit ordonnait que ces derniers appendraient à leurs boutiques, comme enseigne, des bassins blancs, tandis que les *chirurgiens* en mettraient de jaunes.

Il va sans dire que, pour faire exécuter cet ensemble de prescriptions souvent si minutieuses, il fallut créer une armée d'agents, d'inspecteurs et de fonctionnaires ; car les résistances ne manquaient pas. A Tours, l'intendant, pour les vaincre et se faire en même temps bien venir du ministre, eut l'idée d'attacher les pièces d'étoffes défectueuses à un poteau avec le nom des délinquants ; ce poteau plut au roi et fut adopté ; mais on perfectionna la pénalité, en établissant qu'à la troisième fois le coupable serait joint au poteau et mis au carcan pendant deux heures.

De telles mesures peuvent sans doute paraître excessives ; il ne faut pas l'oublier pourtant, l'objet de Colbert était d'obliger l'industrie française à mieux faire et à s'affranchir des tributs qu'elle payait à l'étranger. Au reste, en tout, ce système, au point de vue industriel et commercial, était l'application des maximes du *mare clausum ;* mais, comme l'a dit un historien [1], « vouloir

---

[1] Félix Joubleau, *Études sur Colbert.*

qu'une nation se fournisse elle-même de tout ce qu'elle doit consommer avec ou sans reproduction, c'est vouloir que la même personne soit à elle-même son cordonnier, son architecte, son tailleur... Ce système de restrictions n'était pas, on le sait, de l'invention de Colbert; c'était le produit des préjugés de son époque, et il ne faisait que prêter à des principes incontestés l'appui d'une application plus ferme, plus exclusive, partant plus conséquente ». En effet, partageant l'erreur du temps, Colbert se disait : Un peuple doit voir si, dans ses opérations commerciales avec les nations étrangères, il en a reçu plus de numéraire qu'il ne leur en a donné. Il ne songeait qu'à la richesse métallique, qui, économiquement, n'est pas la vraie, et il imitait les négociants qui, en dressant leur inventaire, ne tiendraient pas compte des marchandises qu'ils auraient en magasin, la quantité en fût-elle dix fois supérieure à celle de l'année précédente, et s'estimeraient en péril pour une diminution momentanée de leur encaisse en espèces. Colbert concluait donc par ce raisonnement : Faute de manufactures, la France verse par an trente millions à l'Europe, et ne recouvre guère qu'un sixième de ce numéraire : voilà pourquoi l'or et l'argent sont rares chez nous; il faut empêcher ces métaux d'émigrer. Mais comment? en prohibant les importations étrangères et en fabriquant chez nous ce que jusqu'ici nous avons acheté au dehors.

Quelque sévère jugement qu'il y ait à porter aujourd'hui sur le système de Colbert, il n'en demeure pas moins qu'il a été le principal créateur des plus grandes industries françaises. Énumérons plutôt :

Il établit une fabrique de tapisseries à l'hôtel des *Gobelins,* sous le titre de *manufacture royale des meubles de la couronne,* et par meubles on entendait tout ce qui servait à la décoration des palais : tableaux, tapisseries, mosaïques, étoffes. Le peintre le Brun en était le directeur ; c'était lui qui fournissait les modèles, jusqu'aux dessins de serrurerie ; le Brun mettait en mouvement ces milliers de bras qui confectionnaient les merveilleux chefs-d'œuvre qu'on admire encore aujourd'hui. Colbert fondait en outre deux autres manufactures de tapisserie, l'une à Aubusson, l'autre à Beauvais, sous la direction de Louis Hinard.

En même temps il enlevait aux Vénitiens le monopole des glaces, en établissant une première fabrique au faubourg Saint-Antoine. Ce ne fut pas toutefois sans peine : les Vénitiens avaient pris toutes sortes de précautions pour que le secret de leur fabrication leur demeurât tout entier ; aucun étranger n'était admis dans leurs ateliers, et quand un artisan vénitien employé à cette fabrication quittait sa patrie, ses biens, s'il en avait, étaient confisqués. D'ailleurs, à Venise, chaque ouvrier ne savait rien en dehors du travail spécial dont il était chargé; si l'on coulait les glaces à Morano, on avait soin de ne les faire polir qu'à Venise. Colbert réussit pourtant, par l'appât de gros priviléges et immunités, à fixer en France des artisans vénitiens, et bientôt le pays fut en état de se passer d'eux. Ajoutons cependant que la grande manufacture de Saint-Gobain ne fut fondée qu'après la mort de Colbert, en 1691.

Il déroba de même aux Vénitiens le secret de leurs dentelles, et fonda, pour la fabrication de ce nouveau produit, en l'appelant, prématurément peut-être, le *point de France*, des ateliers à Reims, Bourges, Issoudun, Riom, Aurillac, Auxerre, Alençon, etc. Il fit de même pour la fabrication de la soie, que tous nos souverains d'ailleurs, depuis Louis XI, avaient encouragée, et pour celle des draps; à ce dernier effet, il appela de la Hollande, où le tissage était très-avancé, d'excellents ouvriers, et une grande fabrique fut fondée à Abbeville par un Hollandais, Van Robais. Quant à la fabrication de la toile, elle fut encouragée en Bretagne et créée en Dauphiné; celle des bas tricotés fut répandue parmi les pauvres gens de la campagne.

En ce qui concerne les métaux, Colbert appela de Suède des mineurs, commença l'exploitation de la houille, et fit ouvrir dans le Midi, à Pézenas par exemple, des mines de cuivre et de plomb. Des fonderies et des forges furent installées à Grenoble, à

Saint-Étienne, à Vienne, à Châlons, et la France apprit en outre l'art de faire l'acier, emprunté à l'Angleterre, et celui de fabriquer le fer-blanc, emprunté à la Bohême.

N'oublions pas l'industrie du goudron : jusqu'alors on tirait de Suède presque tout le goudron employé dans le commerce ; Colbert eut l'idée d'en faire avec les pins de la France ; il appela des ouvriers suédois, fit apprendre les procédés d'exploitation aux habitants des Landes, de l'Auvergne, de la Provence, et parvint à rendre cette industrie si prospère, que dans les Landes, au moins, elle fait encore aujourd'hui toute la richesse du pays.

VI

Pour achever de faire de la France un pays manufacturier, il fallait aider à la vente de ses produits en leur assurant un parcours facile à l'intérieur, en les protégeant à la frontière contre la concurrence du dehors, et en leur ouvrant des débouchés dans les pays étrangers.

Nous avons déjà dit, à propos des impôts, combien de péages, de droits de toutes sortes, gênaient la circulation des marchandises et isolaient les provinces les unes des autres. Les cahiers du tiers état, aux états généraux de 1614, avaient demandé instamment que toutes les douanes intérieures fussent supprimées et remplacées par une *douane unique*, à la frontière. La couronne reconnaissait l'utilité de cette mesure; mais l'exécution en paraissait malaisée, car ces entraves du commerce avaient pour elles des préjugés opiniâtres et l'intérêt de quelques provinces. Colbert eût voulu faire droit à la requête des états de 1614, abolir les douanes intérieures et décréter des droits uniformes sur les marchandises à l'entrée et à la sortie du royaume; mais comment imposer une telle nouveauté aux provinces récalcitrantes? Il y fût arrivé peut-être; mais ce ministre, si absolu, si persévérant en tout, recula cette fois devant les obstacles; il se contenta de *proposer* un nouveau tarif, par l'édit de septembre 1664.

Un certain nombre de provinces seulement, formant le centre du royaume, l'acceptèrent ; c'étaient les provinces qu'on appelait des *cinq grosses fermes*, l'Ile-de-France, la Normandie, la Champagne, la Bourgogne, la Bresse et le Bugey, le Bourbonnais, le Poitou, l'Aunis, l'Anjou, le Maine, la Touraine. Elles purent désormais commercer entre elles en franchise; elles avaient dès lors ce qu'on vit plus tard s'établir en Allemagne, leur *Zollverein* ou union douanière. D'autres provinces, par exemple l'Artois, la Bretagne, le Languedoc, le Dauphiné, la Franche-Comté, l'Auvergne, etc., tinrent à garder leurs douanes intérieures et leurs droits de toute espèce : ce furent les *provinces réputées étrangères*. D'autres enfin, sous le nom d'*étranger effectif,* furent complétement assimilées, pour l'importation et l'exportation, aux pays étrangers : ce furent les Trois-Évêchés (Metz, Toul et Verdun), l'Alsace, la Lorraine et le pays de Gex. En dehors il y avait les *ports francs* de Marseille, Dunkerque, Bayonne et Lorient.

Ainsi, l'unité industrielle et commerciale n'était pas faite encore; la France demeurait partagée en trois tronçons distincts; mais Colbert avait, du moins, fait un pas de plus vers un régime plus supportable à l'intérieur.

Quant à l'extérieur, l'édit de 1664 protégeait l'industrie française en frappant les matières premières d'un fort impôt à la sortie, et, à l'entrée, les produits dont la France pouvait fabriquer les similaires. Ce tarif de 1664 sera bientôt augmenté, en 1667; on doublera, on triplera presque les droits pour les draperies, bonneteries, tapisseries, dentelles, glaces; les étrangers répondront à ces prohibitions par d'autres prohibitions, et alors s'engagera, avec la Hollande notamment, une guerre de tarifs qui ne contribuera pas peu, nous le verrons, à la guerre effective de 1672.

VII

La publication de l'*Ordonnance de commerce* complète, en 1673, l'œuvre économique de Colbert. Déjà plusieurs édits avaient réglé le négoce des lettres de change, billets à ordre et au porteur : c'étaient des mesures essentielles pour le détail ; mais l'Ordonnance de commerce reprend les choses plus à fond, et constitue un véritable code en douze titres ; c'était encore une réponse aux réclamations du tiers état dans ses cahiers de 1614, et la réponse allait même au delà de la demande. Les députés de la bourgeoisie avaient émis le vœu que les actes d'association ou de compagnie entre marchands fussent enregistrés aux greffes des tribunaux, ainsi que les dissolutions de société, en d'autres termes, que l'œil de la justice fût constamment ouvert sur le monde commercial : Colbert fit droit à cette demande ; la juridiction consulaire, la faillite, les contrats entre marchands furent réglés en détail par cette ordonnance de 1673, qui déterminait en outre l'apprentissage, l'âge de la maîtrise, les droits des artisans, et jusqu'à la tenue des livres. La multiplicité des coutumes provinciales était définitivement remplacée par une loi unique et plus claire ; enfin, le plus grand éloge qu'on puisse faire de cette ordonnance, c'est de rappeler que notre *Code de commerce* actuel n'a guère fait que la reproduire dans les parties essentielles.

Ces sages dispositions, jointes à une surveillance assidue et à un patronage incessant, font aisément comprendre l'extension considérable que devaient bientôt prendre nos transactions commerciales et les échanges. La France exportait en

Hollande et en Flandre des vins, des alcools, des céréales, des fruits, des draps, de la mercerie, de la quincaillerie, etc., et nous recevions de ces pays des toiles, du fil, du beurre, du fromage, du coton, des laines, sans compter les épiceries, les drogues pour teinture, le soufre, le salpêtre et le goudron.

L'Angleterre nous prenait, outre nos vins, alcools, draps, etc., des étoffes d'or et d'argent, satins, velours, liége, papier et plumes, et nous importait, par contre, le plomb, l'étain, le charbon de terre, les poissons, les cuirs, même des dentelles, bien qu'à cet égard notre fabrication fût aussi avancée que la sienne : le point de France valait déjà le point d'Angleterre.

Avec l'Italie, l'importation dépassait l'exportation, quoique les seigneurs italiens, jaloux de suivre les modes françaises, achetassent généralement leurs soieries à nos nouvelles manufactures. Quant à l'Espagne, elle était, par Cadix, le passage de nos marchandises allant aux Indes. Ce transit était d'ailleurs partagé entre les Hollandais et les armateurs de Rouen, Saint-Malo, Nantes et Bordeaux. Du côté du Portugal, nous recevions de la cannelle, des citrons, des oranges, des fruits confits, des huiles et des épices coloniales, en échange de céréales, légumes, sel, rubans, fils, cuirs et vêtements.

Avec les pays du Nord et la Hanse, notre commerce se faisait surtout par intermédiaires, par les navires de la Hollande et de l'Angleterre : ils en rapportaient des bois de construction, des peaux des cuirs, de la laine de Dantzig, du plomb de Cologne, du cuivre et du goudron. Les marchandises françaises y répondaient peu comme échange; cependant elles pénétraient jusqu'au marché bien plus lointain d'Arkhangel.

Nos colonies d'Amérique nous prenaient principalement des étoffes, des vins, des meubles et articles de consommation domestique; elles nous rendaient les denrées du cru, tabac, sucre, indigo, etc. Nous allions chercher sur les côtes de Guïnée et au Sénégal de l'or en poudre, de l'ivoire, de la cire, de la gomme, et surtout des esclaves; on y portait, en retour, des verroteries, du corail, de la poudre à canon, etc. Enfin, dans le Levant, notre commerce pouvait soutenir la concurrence avec l'Italie, la Hollande et l'Angleterre. C'était principalement le port de Marseille qui frétait les navires à destination d'Alep, de Smyrne, d'Alexandrie et de Constantinople.

Si, maintenant, nous parcourons les diverses provinces du royaume, nous nous rendrons facilement compte de l'industrie de chacune d'elles : les mémoires rédigés par les intendants, sur la fin du ministère de Colbert, nous renseignent au moins d'une façon générale sur l'état des différentes généralités.

Au nord, la Flandre, nouvellement acquise par le traité de Nimègue, en 1678, se trouve, par suite des guerres dont elle a été le théâtre, dans une situation relativement peu prospère : il lui faut du temps pour se relever d'un chômage prolongé et des « pilleries » des gens de guerre; elle conserve toutefois son grand élément de richesse, depuis le moyen âge, ses manufactures de draps, et l'on fabrique à Lille, annuellement, plus de trois cent mille pièces de cette étoffe. Le pays de Tournay, de Cambrai et le Hainaut étaient riches aussi, ayant les toiles, les dentelles, et déjà même le grand travail des mines, des hauts fourneaux et des forges. Dans l'industrieuse Picardie, où abondaient les métiers à étoffes ou broderies, on trouvait de simples villages qui étaient plus opulents que de grandes villes en d'autres zones de la France, et Abbeville possédait la plus importante manufacture de drap du royaume, celle des Van Robais, qui employait près de deux mille ouvriers.

La Normandie n'était pas moins prospère : outre la ville de Rouen, qui avait un commerce maritime très-considérable, et où l'on comptait des négociants riches de cinq à six millions, fortune rare au xviie siècle, les fabriques d'Elbeuf, de Louviers, du Pont-de-l'Arche, de Gournai, de Darnetal, de Bolbec, représentaient une industrie prodigieusement active, à laquelle on doit encore ajouter les dentelles, les toiles d'Alençon et de Lisieux.

La Champagne, dépossédée de ses célèbres foires du moyen âge, demeurait une province à la fois agricole et fabricante; la Bourgogne avait ses vins, et les forges du ressort de Dijon et d'Autun. Quant à la ville de Lyon, nous avons déjà vu qu'elle avait attiré à elle une grande partie du commerce étranger. Ses dix-huit mille métiers produisaient déjà ces riches étoffes de soie recherchées, aujourd'hui encore, du monde entier; elle avait, de plus, conservé ses foires, un peu déchues seulement, par suite de l'augmentation des droits d'entrée qui pesaient sur les matières premières venant d'Italie; elle avait le commerce de l'Espagne, par l'intermédiaire de Gênes, celui de l'Italie, de la Suisse, de l'Allemagne, de la Hollande et de l'Angleterre.

Le commerce était aussi très-florissant dans le Dauphiné, où Colbert avait développé la fabrication des grosses toiles. La richesse de la Provence et du Languedoc consistait dans les huiles, le vin, la soie, les draps, le trafic pour le Levant, et la foire de Beaucaire, à elle seule, donnait déjà lieu à plus de six millions d'affaires par an. Enfin, dans les provinces voisines des Pyrénées, le Roussillon, le comté de Foix, le Béarn, moins bien partagées sous le rapport industriel, les habitants s'adonnaient surtout au commerce de transit avec l'Espagne, ou se louaient comme travailleurs dans ce pays.

Maintenant si nous remontons du sud au nord de la France, en suivant les côtes, nous traversons d'abord les riches généralités de Bordeaux et de la Rochelle : là se récoltent les vins, les chanvres et les eaux-de-vie ; là se trouvent des ports florissants, Bordeaux surtout, l'entrepôt du commerce avec l'Amérique et les Indes, comme Marseille est celui du commerce avec le Levant. Le Poitou est plus pauvre : à peine quelques fabriques de draps de laine ; mais la Bretagne, elle aussi, est en possession d'un grand commerce maritime. Nantes, la rivale de Bordeaux et de Rouen, voit affluer dans son port les denrées coloniales ; les marins de Saint-Malo pêchent la morue ; Quimper, Morlaix, comptent également de nombreux armateurs, tandis que Rennes et Saint-Brieuc exportent les toiles que fabriquent plus de mille métiers.

Voici, à présent, le Maine, l'Anjou, le Perche, l'Orléanais, avec leurs ardoisières, leurs raffineries de sucre et de salpêtre, leurs blanchisseries et leurs toiles, leurs aciers et leurs fers. Au centre, voici encore l'opulente Touraine : la seule ville de Tours, bien qu'obligée par les règlements d'aller chercher à Lyon ses matières premières, fait, avec sa fabrication de soieries, pour plus de dix millions d'affaires avec l'étranger. Plus loin, dans le Berri, le Bourbonnais et la généralité de Limoges, il y a, outre le travail de diverses manufactures, le rendement de mines considérables. Angoulême et sa banlieue comptent dès lors soixante moulins à papier, et l'Auvergne, qui a aussi ses papeteries, a de plus sa quincaillerie, ses dentelles, ses chanvres, ses bois de construction et ses charbons; enfin, comme de nos jours, elle expédie annuellement à Paris un contingent d'ouvriers chaudronniers et de scieurs de bois.

Quant à la ville de Paris, faut-il ajouter qu'elle tient le sceptre de la fabrication de luxe et de l'art élégant? C'est la ville privilégiée des orfévres, des tapissiers et des ébénistes; c'est elle qui possède les manufactures des Gobelins et de la Savonnerie; on y trouve déjà des chocolatiers, et les besoins de l'oisiveté y vont créer les cafés. On y compte vingt mille marchands à leur aise, et deux cents possédant plus de cinq cent mille livres de capital. Les communautés d'arts et métiers s'y décomposent en 1,200 boulangers, 2,752 maîtres des six corps de marchands, 5,000 garçons de boutique, 17,080 maîtres, 38,000 compagnons, et 6,000 apprentis.

Telle est la statistique sommaire du commerce et de l'industrie du royaume à l'apogée du règne de Louis XIV : un pareil résultat n'est pas, sans doute, l'œuvre exclusive de Colbert; mais l'honneur lui en revient en grande partie, et atténue, aux yeux de la postérité, les erreurs inconscientes de ce grand ministre.

CHAPITRE V

MARINE MARCHANDE ET COLONIES

Essor des nations européennes vers les deux Indes. — Insuccès des premières compagnies du commerce maritime créées en France; principes de Colbert au point de vue colonial et maritime. — La *compagnie des Indes occidentales* et la Martinique; la traite des nègres et le *Code noir*. — La compagnie des Indes orientales et Madagascar. — La compagnie du Nord. — Réorganisation des consulats et du commerce français dans le Levant; nouvelles *capitulations* avec la Porte. — L'*Ordonnance de la marine*. — Marine militaire : inscription maritime, écoles spéciales, grandes constructions, approvisionnements.

I

Nous allons voir l'infatigable Colbert ouvrir de nouveaux débouchés à l'industrie française par la fondation ou l'organisation plus régulière de plusieurs compagnies de commerce. Déjà, nous l'avons dit, une ordonnance royale avait permis le grand trafic maritime aux gentilshommes; le ministre comprenait en outre que l'on n'était plus au régime du moyen âge, c'est-à-dire au temps où le transit intérieur par terre, les foires, les marchés, composaient à peu près tout le commerce. Depuis les découvertes de Christophe Colomb et de Vasco de Gama, la mer était devenue le grand chemin des marchandises, et déjà le Portugal, l'Espagne, la Hollande, l'Angleterre, avaient pris possession de l'Océan. Les Espagnols, souverains au Mexique et au Pérou, maîtres d'une grande partie du continent américain, au nord et au sud de l'équateur, possèdent en outre les îles Philippines en Océanie; les Portugais règnent au Brésil et dans les beaux royaumes de Goa, en Asie, de Mozambique et de Mélinde, en Afrique; les îles de Sumatra et de Java, dans l'Archipel Malais, sont également au pouvoir du Portugal, qui de plus a des comptoirs commerciaux dans la ville de Malacca (Asie) et au Cap (Afrique).

En Amérique, la Nouvelle-Amsterdam, qui doit un jour s'appeler New-York, est, à l'époque de Louis XIV, une florissante colonie hollandaise. Les Anglais, venus un peu plus tard dans le nouveau monde, y occupent cependant une place déjà considérable; car la Virginie, la Nouvelle-Angleterre, la Jamaïque, la Guyane ont reçu d'eux des essaims nombreux de colons. Ils disputent à la France Terre-Neuve, la baie d'Hudson, et sur la côte occidentale d'Afrique on trouve leurs factoreries à côté de celles des Hollandais; enfin, ils possèdent en Asie Bombay, Surate et Calcutta.

Il n'y a pas jusqu'à la Suède et au Danemark qui n'aient pris pied au delà des mers : c'est l'invasion, heureuse et bienfaisante d'ailleurs, de la vieille Europe sur ces terres neuves et lointaines; sauf proportions plus grandes, c'est une expansion coloniale semblable à celle des métropoles de l'ancienne Grèce. Le monde Européen, avide de mouvement, d'espace et de richesse, armé de puissants moyens de navigation et de conquête, s'élance ainsi, de toutes parts, à la possession entière du globe terrestre.

II

Au lendemain de ce fameux traité de Westphalie, qui avait fixé les bases de l'équilibre européen, deux peuples surtout excitaient, par leurs colonies des Indes, l'admiration et l'envie des autres nations : c'étaient l'Angleterre et la Hollande. On sait ce qu'est devenue la puissance maritime de la première; on sait aussi quel rang glorieux le petit peuple hollandais tient encore aujourd'hui au point de vue colonial. La France ne pouvait rester en arrière de ce mouvement général : Henri IV, et après lui Richelieu, avaient reconnu la nécessité de suivre l'exemple des autres peuples, et de doter le royaume de compagnies de commerce nationales. En Afrique, nous étions allés en Sénégal et en Guinée; en Amérique, dans l'Acadie et le Canada, aux Antilles et à la Guyane; dans l'océan Indien, à Madagascar et aux Mascareignes; on avait même vu des navires français s'aventurer dans les parages de l'Inde, de la Chine, et vers l'archipel de la Sonde.

Malheureusement ce mouvement ne fut que momentané : Mazarin, absorbé par les complications intérieures et par les affaires de l'Europe, ne continua pas sur ce point l'œuvre de ses devanciers, et l'on ne peut constater sans regret qu'au commencement du règne de Louis XIV on pouvait parcourir toute la mer des Indes orientales sans presque rencontrer le pavillon français.

D'où venait cet échec, qui préoccupait sérieusement Colbert? On en trouve peut-être la cause principale dans cette lettre d'un de ses agents, qui lui écrivait de Marseille : « Vous ne ferez jamais, par ceux de la ville, ce grand et beau commerce qui se devrait, qui se pourrait, et pour qui la nature semble avoir fait cette ville. Tant que l'on s'amusera aux Marseillais, jamais de compagnie, ils se sont tellement abâtardis à leurs *bastides*, méchants trous de maisons qu'ils ont dans le terroir, qu'ils abandonnent la meilleure affaire du monde plutôt que de perdre un divertissement de la bastide... Vous m'alléguez les Anglais et les Hollandais, qui font dans le Levant pour dix ou douze millions de commerce; ils le font avec de grands vaisseaux; messieurs de Marseille ne veulent que des barques, afin que chacun ait la sienne, et ainsi l'un réussit, l'autre non[1]. »

Ce qu'il y a de certain, c'est que la France n'a jamais réussi à coloniser, et aujourd'hui encore

---

[1] *Corresp. administrative sous Louis XIV.*

elle est, à cet égard, inférieure à plus d'une nation qui ne la vaut pas en puissance et en richesse. Colbert toutefois ne se découragea pas : il commença par racheter les Antilles, que la compagnie créée antérieurement pour faire le commerce dans ces îles avait aliénées, moyennant finance, à des particuliers qui s'y étaient installés comme dans des espèces de principautés féodales; il racheta également, des mains de la compagnie de la Nouvelle-France, le Canada, Terre-Neuve et l'Acadie. Il n'y avait plus d'ailleurs que ce parti à prendre; car depuis vingt ans déjà la compagnie, impuissante à exploiter son privilége, en avait aliéné tous les droits, moyennant une faible rétribution et une suzeraineté purement nominale.

« Aujourd'hui, dit un écrivain [1], que la mer est sûre et purgée de pirates; aujourd'hui que chaque marine craint pour son pavillon la tache d'une violence, que nous accomplissons les plus grands voyages avec plus de sécurité qu'on n'entreprenait alors les plus petits, nous nous demandons quelle raison motivait cette ardeur à former des compagnies. Mais, dans ces temps d'hostilités et de jalousie, quelle marine se refusait le profit d'une perfidie? Qui reculait devant une trahison, une calomnie, même un massacre, pour s'assurer les bénéfices d'un monopole ou la conservation d'un marché? Si j'exposais les

[1] Félix Joubleau.

moyens employés par les Hollandais contre les essais de notre concurrence, le mensonge appelé en aide par nos rivaux à leur déloyauté pour déprécier la France, comme puissance européenne, auprès des princes de Sumatra, d'Achem, de Java et de Bantam, l'attaque de Madagascar au milieu d'une paix et d'une sécurité profondes, repoussée avec encore plus de gloire qu'il n'y eut de honte à la commencer; enfin les attentats contre l'équipage de la *Madeleine* [1], coupable d'avoir mené à fin une entreprise commerciale dans l'Inde; si je racontais ces perfidies, ces crimes infâmes, qu'aucune marine ne se permettrait impunément aujourd'hui et sans appeler sur son pavillon le mépris et l'exécration de toutes les autres, ce ne serait que pour justifier l'établissement des *compagnies*, sans lesquelles il eût été impossible d'avoir raison du monopole hollandais. Les excès de ce peuple, consacrés par sa pratique de la mer, dans le monde entier et surtout dans l'Inde, étaient

---

[1] En 1616, Jacques Pancras, capitaine hollandais, avait pris Lelièvre, capitaine français de la *Madeleine*, et lui avait fait serrer la tête au moyen de cordes, avec une telle violence, que les yeux étaient sortis; le même traitement fut infligé au lieutenant. Pancras fit ensuite pendre seize matelots aux haubans du navire, et brûler la plante des pieds aux autres jusqu'à ce qu'ils eussent rendu l'âme. Ces cruautés avaient pour but de punir l'audace d'un équipage français qui s'était permis de tenter le commerce aux Indes et de réussir dans sa tentative. On comprend qu'avec de tels usages maritimes il fallait commencer par protéger notre commerce extérieur au moyen d'une puissante marine.

devenus à la fin une sorte de droit de conquête, qui, après avoir été exercé avec aussi peu de scrupule par Venise, l'Espagne et Lisbonne, ne connaissait plus de limite. La force seule pouvait en réprimer l'exercice, et faire reculer ce monstrueux despotisme qui, au nom du monopole commercial, aspirait à la domination exclusive des mers.

III

Malheureusement, pour en revenir aux compagnies de commerce françaises, Colbert commettait, disons-le tout de suite, dans la conception même de l'entreprise une grave erreur de principe et d'organisation : il ne comprenait pas assez, comme tous les hommes de son temps d'ailleurs, que les compagnies des Pays-Bas, ainsi que celles de l'Angleterre, étaient un produit naturel et spontané des mœurs et du génie de ces deux nations : chez elles, ce n'était pas l'État qui avait été le créateur, mais le peuple lui-même; l'État n'avait eu d'autre rôle que de reconnaître et de sanctionner l'œuvre collective de marchands, de marins et de financiers, agissant de leur chef, à leurs risques et périls, et se présentant à la fois comme fondateurs et administrateurs. En France, au contraire, l'entreprise est dès le début toute ministérielle et royale : le roi, l'État, ne sont pas seulement des patrons et des surveillants, tout vient de l'initiative monarchique; la séve, au lieu de monter librement d'en bas, tombe d'en haut, artificiellement. Dans les conseils des compagnies, les hommes de cour, sans évincer absolument les hommes de commerce et de marine, tiennent cependant une place excessive; là, comme ailleurs, la *centralisation* administrative est le dernier mot du système. Pour Colbert, les colonies ne doivent pas être des rejetons lointains de la mère patrie, appelés à se développer, sous une libérale tutelle, dans la plénitude de leur puissance; elles doivent demeurer en lisière et, pour ainsi dire, sous la férule paternelle, n'être autre chose que des succursales de commerce, des comptoirs soumis, avec lesquels les relations s'établissent de maître à serviteur, et non pas sur le pied d'une juste réciprocité. « Il ne faut pas, écrivait Colbert, qu'il se constitue aux colonies une civilisation constante... Il ne faut pas que les colons perdent un seul jour de vue qu'ils sont Français, et qu'ils doivent un jour revenir en France. »

On doit cependant le reconnaître : en appliquant un pareil système colonial, Colbert était conséquent avec lui-même; il soumettait logiquement l'organisation du commerce transocéanien à l'idée mère de toutes ces réformes. Si aujourd'hui, éclairés par l'expérience et les leçons de l'histoire, nous voyons nettement les vices de ce système, nous comprenons néanmoins que le ministre de Louis XIV, préoccupé d'élever, pour ainsi dire, géométriquement le vaste édifice qui, après tout, a fait sa gloire, frappé d'ailleurs des échecs antérieurs sans en discerner les vraies causes, ait dirigé toutes ses tentatives dans le sens administratif et centralisateur. Il pouvait ne rien faire ; il fit, quoiqu'en se trompant ; nous lui devons par conséquent de la reconnaissance, ne fût-ce que pour l'intention.

Quel fut le *pacte colonial*, comme on dit dans le langage technique, par lequel Colbert lia les « Frances nouvelles » d'outre-mer ? 1º Leurs produits sont réservés au marché métropolitain ; — 2º le débouché colonial appartient exclusivement à la production de la métropole ; — 3º le pavillon national pourra seul naviguer entre la France et ses colonies ; — 4º il est défendu à celles-ci de faire concurrence à la métropole dans aucune branche d'industrie ou d'agriculture ; — 5º la métropole se récupèrera des frais que lui coûtent les colonies au moyen de droits de douane mis à la sortie et à l'entrée des produits coloniaux ; la seule concession, c'est que ces taxes resteront inférieures à celles que paient les marchandises étrangères ; — 6º quant aux produits français, ils entreront en franchise dans les colonies.

Certes, ce n'est pas là ce qu'on peut appeler un contrat synallagmatique, un pacte établissant une égale et juste balance ; mais ce vasselage économique répondait à une étroite dépendance politique, constituée par un *gouverneur* investi du commandement, un *intendant* chargé des intérêts civils, et un *conseil supérieur* qui assistait ces deux fonctionnaires. Ajoutons cependant, ce qui était une excellente garantie, que la *coutume de Paris* régissait en principe les colons.

IV

Il est à propos maintenant de parcourir les possessions françaises, d'abord dans le *domaine d'Occident*, puis dans le *domaine d'Orient*.

La *compagnie des Indes occidentales*, dont le conseil supérieur fut établi à la Martinique, eut le droit d'exploiter : 1° Cayenne (France équinoxiale); — 2° tout le continent américain depuis le fleuve Amazone jusqu'à l'Orénoque; — 3° le Canada, l'Acadie, Terre-Neuve (France-Nouvelle); — 4° sur la côte d'Afrique, le Sénégal, que lui avait vendu la compagnie dieppoise et rouennaise fondée en 1626. Tous ces pays appartenaient à la compagnie en propriété absolue et souveraine. Dons de navires, primes pour exportation et importation, envoi de colons, de troupes, d'instruments de culture, tels furent les priviléges que lui octroyait en outre Louis XIV. Mais les compagnies n'étaient pas populaires dans les colonies; celles-ci partageaient sur ce point l'opinion émise aux états généraux de 1614 par le tiers état, qui avait réclamé dans ses *cahiers* la suppression de tout système de monopole commercial, et, dès 1665, l'intendant du Canada écrivait à Colbert : « Si Sa Majesté veut faire quelque chose au Canada, il me paraît qu'elle ne réussira qu'en le retirant des mains de la compagnie des Indes occidentales, et qu'en donnant une grande liberté de commerce aux habitants, à l'exclusion des seuls étrangers. »

En effet, la nouvelle compagnie avait repris les traditions arbitraires et tyranniques de sa devancière, celle que Richelieu avait fondée; elle se rendit de plus en plus odieuse, en prétendant exploiter les planteurs, prendre leurs denrées à vil prix pour les revendre cher en France, et défendre aux îles françaises de commercer avec les Hollandais. Les flibustiers et les boucaniers de Saint-Domingue s'insurgèrent; en même temps la compagnie s'endettait si bien qu'au bout de sept ou huit ans à peine elle menaçait ruine. En présence de ces résultats, Colbert, loin de s'obstiner dans son système, s'occupa de remédier aux vices manifestes d'un monopole trop abusif : dès 1668, il fit un prudent retour vers la liberté commerciale en autorisant, par exemple, tout navire français à entreprendre le commerce aux Antilles, sauf permission de la compagnie et un léger droit à lui payer; l'octroi de la permission était d'ailleurs implicitement imposé à la compagnie. De plus, Colbert obtint du roi qu'on laissât subsister à la Martinique les Juifs qui s'y étaient établis en grand nombre, et avaient fait des dépenses considérables pour la culture des terres; enfin, plusieurs ordonnances, rendues presque coup sur coup, assurèrent les effets de ces salutaires mesures, et rendirent la sécurité aux colons et aux armateurs français. Aussi, en dehors de la compagnie des Indes occidentales, qui n'eut d'ailleurs qu'une existence éphémère, puisqu'elle disparut en 1674, c'est-à-dire neuf ans avant la mort de Colbert, nos colonies d'Amérique prirent-elles peu à peu un nouvel essor. On vit les établissements de nos marins et de nos marchands se multiplier à Terre-Neuve, où se développa la station de pêche de Plaisance ; on vit, dans l'Acadie, cet avant-poste du littoral américain, l'installation sédentaire remplacer enfin les campements nomades, et créer un centre d'administration dans la ville de Port-Royal ; on vit enfin le Canada, cette colonie particulièrement chère à Colbert, car il ne cessa de s'en occuper durant dix années, devenir le but d'immigrations importantes ; le ministre y aidait au moyen des encouragements et des immunités compatibles avec son principe administratif. Son ambition, qui ne fut pas réalisée, était de relier par un chemin sûr Québec, capitale du Canada, avec Port-Royal, capitale de l'Acadie ; du moins, avant de mourir, aura-t-il la satisfaction de voir Cavalier de la Salle, à la tête de hardis aventuriers, planter le pavillon français aux bouches du Meschacébé, le *père des eaux*, et faire ainsi, par l'occupation de la Louisiane, entrer dans le domaine colonial de la France l'immense vallée du Mississipi.

Dans la mer des Antilles, la colonisation française ne fut pas moins active : la guerre de 1672 contre la Hollande avait révélé au roi et à son vigilant ministre tout le parti qu'on pouvait tirer, non-seulement au point de vue commercial, mais au point de vue militaire, de postes tels que Saint-Domingue, la Martinique, la Guadeloupe, Saint-Christophe, Sainte-Lucie, la Grenade, Saint-Martin, etc. Cette chaîne d'îles, que la Grande-Bretagne a réussi plus tard à rompre, et dont la France, malheureusement, n'a pu rattacher les anneaux, se complétait cependant peu à peu, et déjà le chef-lieu de la Martinique, Port-Royal, à peine fondé, était assez fort pour repousser avec succès une attaque du redoutable amiral hollandais Ruyter. A l'occasion de cette victoire, on frappa une médaille avec cet exergue : « La colonie française victorieuse en Amérique; les Bataves défaits et mis en fuite (1674.) »

Les vues politiques de Colbert s'étendirent également à la Guyane; la colonisation dut s'y arrêter devant la zone des forêts profondes et des lacs mystérieux de l'intérieur; mais elle put du moins établir de forts cantonnements à Cayenne, sur le littoral, et, comme à la Martinique, se défendre victorieusement contre la Hollande.

V

On a vu que la côte d'Afrique avait été mise

dans le ressort de la compagnie des Indes occidentales : quel commerce pouvait rattacher entre elles des colonies séparées par toute la largeur de l'océan Atlantique? C'était, il faut l'avouer, cette triste exploitation qui prend des créatures humaines pour denrée, la *traite des noirs :* les navires de la compagnie venaient recruter les nègres au Sénégal, ou sur la côte de Guinée, pour les transporter dans les îles, notamment à Saint-Domingue. Grâce à ce trafic, cette dernière île prospéra ; mais les colonies africaines étaient dépeuplées, et c'est à peine si quelques maigres comptoirs (Galam, Saint-Joseph, Saint-Pierre, Assinie) y attestaient la présence du commerce européen. Certes, la France ne s'était pas engagée la première dans cette traite odieuse ; les Espagnols, les Portugais, les Anglais, avaient, avant elle, bénéficié sur la « marchandise humaine » ; mais elle fut coupable d'imitation, et, dans son désir de développer les cultures tropicales, elle oublia, comme les autres peuples, les droits de l'humanité. Colbert, du moins, essaya de mettre ordre aux abus trop criants qu'il avait trouvés tout établis aux colonies ; car, dans les statuts dressés pour Madagascar, il défend, sous peine de mort, d'introduire dans l'île la traite des esclaves, et menace de châtiments sévères tout colon qui manquerait à la charité envers les nègres soumis à ses ordres. Ce fut encore sous son inspiration que furent rédigées les dispositions les plus douces du *Code noir*[1], dont le préambule exprime ainsi la sollicitude du roi pour tous ses sujets : « Encore qu'ils habitent des climats infiniment éloignés, nous leur sommes toujours présent, non-seulement par l'étendue de notre puissance, mais encore par la promptitude de notre application à les secourir dans leurs besoins. »

Le *Code noir*, tout en maintenant cette dure loi de l'esclavage, qui devait subsister dans nos colonies jusqu'en 1848, tout en déclarant le nègre *meuble*, tout en prononçant, par exemple, la peine de mort contre celui qui aura frappé ses maîtres au visage, avec effusion de sang, la flétrissure à l'épaule contre le fugitif, la rupture du jarret, en cas de récidive, puis la mort, à la troisième fois, etc., ce code, disons-nous, n'en était pas moins un progrès sur le passé; témoin ces articles : Le maître qui aura des enfants d'une esclave sera privé et de l'esclave et des enfants, à moins qu'il n'épouse la mère, ce qui rendra les enfants libres et légitimes. — Les mariages des esclaves seront célébrés comme ceux des personnes libres; le consentement du maître est nécessaire au mariage de l'esclave; mais il n'a pas le droit de marier l'esclave contre son gré. — Défense au maître de torturer ou de mutiler ses esclaves à sa fantaisie; — obligation pour lui de les nourrir quand ils sont infirmes, sinon ils seront recueillis

---

[1] *Anciennes Lois françaises*, t. XIX.

et entretenus dans l'hôpital à ses dépens; — interdiction de saisir ou de vendre séparément le mari, la femme et leurs enfants impubères. — Tout esclave affranchi jouira des avantages des sujets libres, etc. etc. On le voit, le caractère, naturellement assez dur, de Colbert se laissait parfois fléchir.

VI

La *compagnie des Indes orientales*, mieux conçue et plus fortement constituée, eut des destinées plus durables, puisqu'elle vécut un siècle entier. Dès 1655, n'étant encore que dans les bureaux de Mazarin, Colbert avait appelé l'attention du roi sur la nécessité de disputer à l'Angleterre et aux Hollandais, ces « rouliers des mers », la possession du commerce asiatique, et d'envoyer les navires français chercher dans l'océan Indien les soies, cotons, épices, aromates, que ces régions produisaient. En 1664, suite fut donnée à cette idée par la création d'une compagnie qui avait pour cinquante ans le privilége du négoce et de la navigation depuis le cap de Bonne-Espérance jusqu'aux détroits de Magellan et de le Maire. En outre, tout ce qu'elle pouvait conquérir sur les indigènes ou sur les ennemis de la couronne, y compris Madagascar, siége de la compagnie, lui appartiendrait à titre perpétuel, en toute propriété, justice et seigneurie. Elle pourrait même faire la paix ou la guerre avec le roi des Indes, et ses navires auraient le droit, comme les vaisseaux de guerre, d'arborer le pavillon blanc[1]; l'État se chargeait d'ailleurs de défendre, au besoin par les armes, les établissements de la compagnie, et de fournir des escortes à ses convois. Le fonds total de l'entreprise était fixé à quinze millions de livres, sur lesquelles le roi souscrivait pour un cinquième; une prime de 50 francs par tonneau à l'exportation, de 75 francs à l'importation, était accordée à tout navire équipé et chargé en France.

Comme pour la compagnie des Indes occidentales, un appel de fonds fut adressé à tous les sujets : le minimum des souscriptions était fixé à mille francs, et les étrangers eux-mêmes pouvaient participer à l'entreprise. Un premier envoi de quatre vaisseaux, jaugeant chacun de 800 à 1,400 tonneaux, comme les *galions* d'Espagne, partit le 7 mars pour Madagascar. La compagnie arborait cette fière devise : *Florebo quocumque ferar,* « Je serai florissante partout où j'irai. » On avait dit aux artisans, aux gens de métier : Partez, allez aux Indes; au bout de quelques années de séjour, vous serez déclarés maîtres sans avoir besoin de compagnonnage ni de chef-d'œuvre; vous pourrez, au retour, vous établir en France partout où il vous plaira. On avait dit aux digni-

---

[1] Les navires de commerce portaient le pavillon bleu avec une croix blanche.

taires, aux gens riches, aux divers corps de magistrature : Souscrivez, c'est votre fortune, en même temps que la gloire du pays; puis (grand mot alors) c'est le moyen de plaire au roi. De plus, on avait écrit dans le même sens à tous les maires et échevins des bonnes villes.

On ne prédisait rien moins que l'inévitable et prochaine ruine du commerce hollandais; on faisait le plus riant tableau de Madagascar; on vantait, avec raison d'ailleurs, son climat tempéré, la longévité de ses habitants, la richesse de ses productions, la fécondité de ses mines : il ne manquait, ajoutait-on, à ce véritable Eldorado qu'une race d'hommes comme les Européens, adroite, active, entreprenante, et capable de faire travailler, ou tout simplement de conduire les indigènes de cette région, qui sont les créatures du monde les plus douces et les plus dociles. Il est certain qu'au fond, malgré ces exagérations de forme, le choix de cette terre Malgache, à proximité des rivages indiens, était des plus heureux. Tout d'abord la compagnie y établit ses chantiers et ses magasins, et y bâtit la ville de Lorient (l'Orient); en même temps elle s'installait à l'île Bourbon, sorte d'annexe de Madagascar. C'était, dans la pensée de Colbert, une nouvelle étape sur la route de l'Inde, vers ces bouches du Gange, si riches et si renommées, où le roi et son ministre visaient à fonder des comptoirs et des entrepôts pouvant rivaliser avec ceux de la compagnie hollandaise. En effet, les Français ne devaient pas tarder à s'établir à Surate, à Bender-Abassi, à Masulipatam, à Bantam (Java), enfin à Pondichéry (1683).

En France, le récit de ces expéditions avait pour effet de tenir les imaginations en émoi, et une sorte de fièvre se produisait, qui fait déjà comprendre le succès ultérieur de Law. Les côtes étaient animées par les départs ou par les arrivées; elles retentissaient aux bruits des marteaux des constructeurs, qui pensaient ne pouvoir trop construire de navires, car leur zèle était excité au moyen de primes de 4 à 6 francs par tonneau. Enfin tout le monde voulait partir pour cette nouvelle terre promise, et l'on ne pouvait suffire aux enrôlements.

Mais Colbert ne songeait pas seulement à de si lointaines relations commerciales; il en voulait de plus proches, de plus immédiates, et c'est ainsi qu'en juin 1669, l'année même où il est officiellement chargé de l'administration de la marine, il crée la *compagnie du Nord*, chargée de faire le négoce en Hollande, en Suède, en Norwége et en Moscovie. En même temps, pour la sûreté des mers, il fait rudement châtier les pirates barbaresques par Beaufort, Hocquincourt, Tourville, et met si bien à la raison les flibustiers et boucaniers de Saint-Domingue, qu'il les réduit à la condition de simples colons.

VII

En même temps qu'on étendait notre commerce extérieur, il fallait organiser les *consulats* destinés à le protéger, et cette réorganisation était urgente, surtout dans le Levant[1]. Institués officiellement depuis 1604, c'est-à-dire nommés dès lors par le roi, nos consuls avaient déjà des attributions fort importantes, puisque le consul de France à Alexandrie, par exemple, avait le protectorat formel, non-seulement des Français, mais encore de tous les étrangers dont le gouvernement n'entretenait pas de représentant en Égypte. On sait aussi que la France est la première nation européenne qui ait conclu des traités de commerce ou *capitulations* (1535, sous François Ier) avec le sultan, et que nos consuls auprès de la Porte ottomane ont été chargés les premiers de la protection du culte catholique dans le Levant. Malheureusement, cette prépondérance ne fut que momentanée : à la faveur des troubles intérieurs de notre pays, pendant la Fronde notamment, les étrangers suivirent bientôt nos traces en Orient ; les Vénitiens, les Anglais, les Hollandais obtinrent de la Porte des traités plus avantageux encore que les nôtres, et leurs représentants firent si bien la

---

[1] Sous ce nom de *Levant*, on désignait les pays baignés par la Méditerranée orientale, la Turquie d'Europe et d'Asie, la Syrie et l'Égypte.

loi à Constantinople, que les moindres agents du Grand Seigneur ne se faisaient pas faute de violer ouvertement les anciennes capitulations conclues avec la France, et de précipiter ainsi la ruine de notre commerce dans le Levant.

Selon le plus récent historien de Colbert [1], cette triste situation tenait surtout au mauvais choix et à la cupidité de nos consuls. D'abord ils ne se donnaient pas la peine de résider à leur poste; ils se faisaient remplacer par des gens auxquels ils affermaient leurs charges, au plus offrant, et qui le plus souvent ne fournissaient pas même de caution. Aussi les exactions de ces fermiers étaient-elles d'autant plus effrénées qu'ils n'avaient aucune responsabilité, ni morale ni matérielle; contrairement aux ordonnances et règlements, ils exerçaient le commerce pour leur propre compte, et ce commerce était d'autant plus étendu qu'ils imposaient le marché, dont ils s'étaient rendus maîtres; de plus, sous toutes sortes de prétextes, ils prélevaient des droits arbitraires sur les navires. Colbert dut mettre un terme à ces abus scandaleux, qui nous avaient attiré, non sans motif, la défiance et le mépris des Levantins : il enjoignit à tous les consuls en titre de résider dorénavant, à moins d'une dispense spéciale, et leur défendit de commercer, ou de lever aucun droit maritime qui n'eût été formellement auto-

[1] Piérre Clément, *Histoire de la vie et de l'administration de Colbert.*

risé; puis il créa une compagnie du Levant, et conclut avec le sultan un nouveau traité qui nous rendit toutes nos anciennes immunités en Orient, ainsi que le droit de protectorat sur le Saint-Sépulcre et sur tous sujets Français établis en Orient. La Porte reconnaît en même temps la préséance de l'ambassadeur de France sur les envoyés des autres rois et princes chrétiens auprès du divan, et autorise notre commerce à exporter du Levant toutes sortes de marchandises, même celles dites prohibées, à naviguer de toutes façons, même sur des navires appartenant à des nations ennemies du Grand Seigneur; nos commerçants, en aucun cas, ne pouvaient être faits esclaves, et ils demeuraient exclusivement justiciables de leurs ambassadeurs ou de leurs consuls. En outre, les droits que les Français auraient à payer dorénavant, pour toutes importations et exportations, étaient abaissés de 5 à 3 pour cent, et Marseille, qui était la ville la mieux placée pour profiter de ces avantages, fut déclarée *port franc*, comme elle l'était jadis, c'est-à-dire que les droits de douane ne s'y percevaient pas sur les marchandises importées directement du Levant.

Grâce à ces nouvelles dispositions, les relations commerciales de la France avec l'Orient se ranimèrent si bien, qu'à la fin du XVIIe siècle le Languedoc seul y expédiait 32,000 pièces de drap; car c'était principalement avec les draperies que la France payait ses achats de denrées dans le

Levant; Châlons, Provins, Reims, Paris, Saint-Denis, rivalisèrent avec les villes du Languedoc, et profitèrent largement des débouchés qui leur étaient ouverts sur les pays transméditerranéens.

Colbert eût voulu, en outre, acheter la Jamaïque au roi d'Angleterre, qui n'y consentit pas, et déterminer le Portugal, alors en pleine décadence, à vendre à la France une partie de ses colonies des Indes orientales. Le 18 août 1670, il écrivait à notre ambassadeur à Lisbonne : « A l'égard du commerce aux Indes orientales, il faut que les Portugais soient bien aveugles de ne vouloir pas traiter avec le roi, et lui donner quelqu'un de leurs établissements, vu qu'ils y périssent tous les jours, et qu'assurément ils en seront chassés dans peu, s'ils ne se fortifient par quelque alliance et par quelque traité défensif et offensif, en cas de besoin, avec le roi, qui est assurément le seul, de tous les princes de l'Europe qui envoient des flottes dans les Indes et qui y fassent quelque commerce, avec lequel le Portugal se puisse accommoder avec sécurité et bienséance [1]. » On sait que le commerce du Portugal devait, en effet, passer tout entier aux mains des Anglais, qui, dès 1670, avaient en quelque sorte le pied sur la gorge de cette nation, jadis si prospère.

[1] *Correspondance administrative sous Louis XIV.*

VIII

Pour compléter cette œuvre immense, il restait à publier un code maritime nouveau, qui fût en harmonie avec les intérêts et les coutumes du commerce restauré : *l'ordonnance de la marine*, élaborée durant dix années par une commission spéciale, parut en août 1681. Ce règlement concerne à la fois la marine militaire [1] et la marine de commerce. A ce dernier égard, de nombreux articles arrêtent la nouvelle organisation, citée plus haut, de nos consulats, et constituent les commerçants et navigateurs français dans les Échelles du Levant en corps appelé *la nation*. Une autre division, intitulée *des gens et des bâtiments de mer*, détermine les garanties de capacité à exiger des capitaines, maîtres, patrons de navires, et interdit de lever aucun droit de réception sur les apprentis matelots; une troisième règle les contrats maritimes et les prises légales; d'autres enfin traitent de *la police des côtes, ports, rades, rivages de la mer*, et *de la pêche qui se fait en mer*. Une disposition remarquable c'est celle qui tend à réprimer l'horrible industrie des *naufrageurs*, si commune alors, principalement parmi les bas Bretons. Défense est faite, sous peine de mort, d'attenter à la vie et aux biens des naufragés; même peine contre quiconque, *par feux trom-*

---

[1] Voir plus loin : Marine militaire.

peurs, aurait attiré à dessein les navires dans des parages dangereux ; même peine aussi contre ces hobereaux des côtes qui souvent forçaient les pilotes à faire échouer les bâtiments dans le voisinage de leurs châteaux, afin de prendre plus large part à ces féroces pillages ; défense aux mêmes seigneurs, sous peine d'être punis comme concussionnaires, d'usurper sur les habitants des bords de la mer les herbes marines appelées *varechs* ou *goëmons*, ou même de lever des droits sur la coupe de ces plantes. Quant à la *pêche de mer*, elle était déclarée libre et commune à tous les sujets du roi, pourvu que les pêcheurs ne se servissent que de filets et engins permis par les règlements.

Nous ne saurions mieux terminer ce chapitre sur notre marine marchande et nos colonies qu'en recueillant, dans les *Oisivetés* de Vauban, une considération que la France, malheureusement, n'a jamais su mettre à profit, et dont elle a laissé tout l'honneur à d'autres nations, particulièrement à l'Angleterre et à la Hollande : « Y a-t-il, dit Vauban, quelque chose dans le monde de plus utile, de plus glorieux et de plus digne d'un grand roi que de donner commencement à de grandes monarchies, de les enfanter, pour ainsi dire, et de les mettre en état de s'accroître et de s'agrandir en fort peu de temps de leur propre vie, jusqu'au point d'égaler, voire de surpasser un jour le vieux royaume ? Qui peut entreprendre quelque chose de plus grand, de plus noble, de plus utile? N'est-ce pas par ce moyen, plus que par tous autres, qu'on peut, avec toute la justice possible, s'agrandir et s'accroître? »

IX

Pour protéger nos colonies et le commerce lointain organisé par Colbert, il fallait une puissante marine de guerre. Ce royaume de France, situé entre deux mers, découpé par des ports profonds et sûrs, n'était-il pas admirablement en état de disputer l'empire de l'Océan à l'Angleterre, à la Hollande, à l'Espagne, à l'Italie elle-même, où il n'y avait pas, disait d'Ossat, un petit prince « n'ayant qu'un pouce de mer, qui n'eût des galères en son arsenal naval »? Richelieu, se souvenant de l'affront subi par notre marine, lorsque la frégate qui, en 1603, transportait Sully en Angleterre, s'était vue forcée, sous la menace du canon, à baisser pavillon devant un vaisseau amiral anglais, Richelieu avait essayé de créer une flotte et d'améliorer les ports; malheureusement, après lui, pendant les troubles de la Fronde et le ministère si agité de Mazarin, son idée n'avait pu avoir d'effet. Mazarin songeait pourtant à la reprendre; car, à la suite d'un succès remporté sur la flotte d'Espagne, il avait fait frapper une médaille avec cette légende : *Omen imperii maritimi* (présage de l'empire des mers); mais c'est à Colbert qu'était réservé l'honneur de réaliser le présage et de réprimer l'arrogance des Anglais et des Hollandais sur l'Océan. Il était dur pour la France d'être hors d'état de tenir la mer en présence des pavillons britannique et batave. Pour changer cet état de choses, il fallait presque un miracle : il fallait créer de toutes pièces une force navale, et une pareille tâche ne s'improvise pas du jour au lendemain ; Colbert la poursuivit cependant avec une persévérance que le succès devait récompenser [1].

D'abord, comment recruter le personnel de la flotte ? Où trouver des hommes dressés à cette profession spéciale de marin, qui veut un apprentissage bien autrement difficile que celui du soldat de terre ? Jusqu'alors, en cas de guerre maritime, on fermait les ports, on suspendait, par ordre exprès du roi, toute expédition commerciale, et on ramassait, par une sorte de razzia, tous les matelots sur les côtes ; c'était là, et c'est encore aujourd'hui le procédé anglais. Colbert mit fin à ce brutal régime de la *presse;* il y substitua le système qu'on appela l'*inscription maritime,* ou

---

[1] Colbert n'eut le département de la marine qu'en 1669, aussi n'agit-il d'abord que sous le couvert de Lionne, qui en avait la direction. Dès 1662, on avait commencé de refaire une flotte, et le roi écrivait, au même moment, à son ambassadeur à Londres : « Je prétends mettre bientôt mes forces en tel état, que les Anglais tiendront à grâce que je veuille bien entendre à des tempéraments touchant un droit (le pavillon) qui m'est dû plus légitimement qu'à eux. »

système des classes : toute la population des côtes, enregistrée et numérotée, toujours disponible, fut enrôlée dans une seule et grande armée servant à tour de rôle et selon le besoin, tantôt dans la guerre, tantôt dans le commerce, c'est-à-dire montant alternativement les vaisseaux de l'État et les navires du négoce. Il convient d'ajouter que l'idée de ces *classes* se retrouve dans une lettre adressée de Marseille à Colbert, en mars 1669, par le chevalier Jean-Baptiste de Valbelle[1]. Le chevalier propose au ministre l'établissement d'une confrérie ou communauté de tous les matelots[2].

[1] Ce Valbelle, capitaine à bord du *corps des galères*, puis du *corps des vaisseaux*, a envoyé un grand nombre de lettres et de mémoires secrets à Colbert.

[2] « La passion que j'ai toujours eue de servir le roi, dit-il, et de mériter par ce moyen l'estime de Votre Grandeur, me donne la liberté de lui représenter que les peines et les difficultés qu'il y a bien souvent de trouver des matelots pour composer les équipages des vaisseaux de Sa Majesté ne procèdent pas seulement de ce qu'ils ne sont pas toujours satisfaits de leurs capitaines, mais parce qu'au retour de la campagne ils ne peuvent pas retourner chez eux, ni avoir leur congé comme ceux des galères, qui, par cette raison, n'en manquent jamais. Voilà, Monseigneur, l'unique sujet que ces sortes de gens ont de préférer le service des vaisseaux marchands à ceux de Sa Majesté, et ils aiment mieux souvent s'absenter et s'exposer à la rigueur des ordonnances qu'à la contrainte.

« Mais, Monseigneur, pour trouver un remède à ce mal..., il semble, si vous le jugez à propos, qu'il serait expédient de *savoir le nombre et le nom de tous les matelots* qui sont dans tous les lieux maritimes, et qui naviguent dans ces mers, pour en faire *dresser une confrérie et espèce de com-*

Déjà une première ordonnance, de 1665, avait prévenu partiellement ce désir; elle divisait en trois classes les matelots des gouvernements de la Rochelle, de Brouage, des îles de Ré et d'Oléron; chacune de ces classes devait servir un an sur les vaisseaux de Sa Majesté, et deux années ensuite sur les navires marchands. Une seconde ordonnance, en date de 1668, étendit ce règlement à toute la France : étaient exempts les pêcheurs et patrons de barques qui avaient un *garçon de bord*, lequel, après deux ans de noviciat, devait passer à l'inscription. Un premier recensement, en 1670, présenta un effectif de 36,000 matelots, non compris les officiers, maîtres, patrons, novices et mousses. Défense était faite aux sujets français, sous peine de mort ou des galères, de prendre du service maritime au dehors. Quant aux étrangers qui voulaient monter les vaisseaux français, ils devaient être naturalisés au bout de cinq ans.

On avait ainsi les matelots; restait à former les cadres d'officiers : dans cette vue, Colbert créa une compagnie de *gardes de la marine,* mi-par-

munauté dans tous les ports, avec défense à ceux qui n'y seront pas enrôlés de pouvoir naviguer ni monter aucun vaisseau ou autre bâtiment, sous des peines très-rigoureuses; ce qu'étant une fois établi, on n'aurait qu'à suivre ce rôle, qui se trouverait aux registres du greffier de l'amirauté; et, sur ce même état, on ferait tous les ans le choix et le département de ceux qui auraient à servir sur les vaisseaux du roi, pour être libres à la fin de la campagne... »

tie noble et roturière; chaque vaisseau eut un nombre déterminé d'officiers, qui reçurent désormais une commission directe du roi ; en outre, on obligea les lieutenants et les enseignes, qui formaient la pépinière des capitaines, à suivre dans des *écoles* spéciales, fondées tout exprès, des cours d'*hydrographie*, de *construction maritime;* ils devaient également assister à l'exercice du canon dans une école d'*artillerie de marine*.

En même temps une discipline sévère fut établie, avec des revues fréquentes ; défense de laisser installer aucune taverne à bord des vaisseaux ; interdiction aux capitaines de s'éloigner de leur bord, pour aller vivre à terre, à leur fantaisie et dans les plaisirs, comme ils le faisaient auparavant. Les matelots, une fois engagés, ne pouvaient se retirer sans un *congé* spécial; ajoutons que, par une sollicitude éclairée et bienfaisante, le gouvernement se déclarait, en l'absence des matelots, le protecteur de leurs femmes et de leurs enfants.

Pour cette grande œuvre de la marine, le ministre usait de moyens parfois malheureux, comme pour le commerce et l'industrie : ainsi on ramassait un peu partout des hommes pour recruter nos flottes ; on en vint jusqu'à des forçats. « Nul présent, dit M. Michelet, n'était plus agréable au roi et à son ministre qu'un forçat, » et les intendants, avertis, pressaient les tribunaux de faire le plus de galériens possible, c'est-à-dire de juger avec une sévérité qui, dès lors, devenait souvent excessive.

En trois ans, de 1669 à 1672, le nombre des navires de guerre s'éleva à 196, dont 119 gros vaisseaux, 22 frégates et 55 bâtiments légers; 160,000 matelots classés étaient prêts ou successivement disponibles. Le port de Rochefort fut creusé, celui de Cherbourg projeté; Toulon et Brest furent fortifiés. On décida que les vaisseaux de premier rang auraient trois ponts, et seraient armés de 70 à 120 canons; ceux de second rang devaient avoir deux ponts et de 56 à 70 canons; ceux de troisième rang, deux ponts et de 40 à 50 canons; ceux de quatrième rang, deux ponts et de 30 à 40 canons; enfin les frégates légères devaient avoir un seul tillac et de 8 à 16 bouches à feu.

Colbert multiplie les instructions afin d'assurer la liberté du pont aux manœuvres et la facilité d'espacer les pièces d'artillerie. Son idéal, pour les aménagements de bord, c'est « la propreté et l'arrangement des Hollandais ». Il veut qu'on ne mette pas plus d'un an à construire un vaisseau, et que tous les éléments de construction soient d'origine française, excepté le cuivre, le plomb, etc., qu'on pourra faire venir du dehors, mais encore par l'intermédiaire des marchands français.

A l'égard des munitions, tout était à faire : les magasins étaient de toutes parts dégarnis, et la principale préoccupation de Colbert fut de les remplir par des provisions tirées surtout du royaume; il ne voulait avoir recours à celles de l'étranger que dans un extrême besoin, et, à cet effet, il multiplia ses recommandations aux intendants. Il y trouvait divers avantages : celui d'augmenter la circulation du commerce intérieur, par l'abondance d'importantes marchandises, goudron, bois, mâts, ancres, chanvres, dont il lui assurait le débit; celui d'accroître la facilité des transactions extérieures pour tous les produits maritimes qui nous manquaient à nous-mêmes; enfin, par le travail des chantiers et des ports, de former à notre profit un plus grand nombre de gens de mer.

C'est encore dans un intérêt maritime qu'il convertit des terres à blé en terres à chanvre, pour les cordages; il ordonnait en outre la visite de toutes les forêts voisines de la mer ou situées près des rivières navigables, afin d'y prendre les bois « à la tête vive et belle », qu'il jugeait propres à la construction et au radoub des vaisseaux. Quant aux mâts, il voulait qu'on mêlât ceux que fournissait le royaume à ceux qui venaient du Nord, et, parmi ces derniers, il préférait les mâts arrivant de Norwége par Gottenburg, ou de Livonie, par Riga et Dantzig; il alla même jusqu'à faire tirer des bois du Canada.

En même temps il travaillait à former des constructeurs, en excitant l'émulation par des récompenses, en accordant des primes à ceux qui feraient les meilleurs vaisseaux, et il attirait de l'étranger, avec leurs familles, des ouvriers émérites, principalement des charpentiers. Ils étaient chargés de former des élèves destinés bientôt à surpasser leurs maîtres, l'industrie française étant portée de sa nature à perfectionner les inventions d'autrui. Enfin, un conseil central, dit *des constructions navales*, fut institué à Paris pour aider le ministre dans son œuvre. La science maritime y gagna, grâce surtout au zèle d'un jeune ingénieur basque, Bernard Renau, surnommé le *Petit Renau*, qui, avec l'assentiment de Duquesne et de Vauban, fit adopter un nouveau modèle de navire, plus svelte et plus facile à manœuvrer que l'ancien vaisseau de guerre, trop lourd et trop massif.

Duquesne eut la haute direction des travaux de Brest et des côtes voisines; puis deux intendances générales furent créées, l'une à la Rochelle, pour le *Ponant*, sous Colbert du Terron, cousin du ministre; l'autre à Toulon, pour le *Levant*, sous le vieux et énergique Leroux d'Infreville.

X

Colbert voulut que les vaisseaux fussent toujours en état d'être armés, et servissent à tour de rôle; il n'entendait pas s'arrêter aux fantaisies des capitaines, dont l'ambition était de ne monter que des vaisseaux neufs. Il voulut en outre, pour la gloire du roi et le bien du commerce, qu'en temps de paix comme en temps de guerre les vaisseaux français parussent dans toutes les mers à côté de ceux de la Hollande et de l'Angleterre; il voulut enfin que les capitaines s'habituassent à naviguer hiver comme été : c'est ainsi que Duquesne dut croiser pendant tout un hiver entre les caps d'Ouessant, du Finistère, de Saint-Vincent, et que le vice-amiral d'Estrées eut ordre de rester en mer douze mois de suite. De plus, les capitaines reçurent l'expresse recommandation d'escorter les navires marchands, pour les protéger au besoin; et quand des capitaines étaient chargés de convoyer, ils devaient plutôt songer à tenir les convois en sûreté au moyen de mesures défensives qu'à prendre l'offensive contre l'ennemi.

Colbert n'aimait pas les relâches et les longs séjours dans les ports; il combattait aussi une vieille superstition, le scrupule des départs le vendredi. Il ordonnait aux commandants d'escadre d'écrire fréquemment, et dans un grand détail, tout ce qui se passait à la mer, et de rendre compte des talents de chaque capitaine, tant pour la manœuvre que pour le combat; ils devaient examiner, en outre, avec le plus grand soin tout ce qu'il y avait de bon à prendre dans la pratique des vaisseaux des autres nations qu'ils avaient occasion de visiter. D'un autre côté, quelque faveur que le roi accordât aux armateurs pour la *course,* son ministre et lui observaient une justice sévère pour les *prises,* et en donnaient mainlevée lorsqu'il n'y avait pas lieu de les juger bonnes, ne voulant pas, sous de vains prétextes, laisser s'établir les habitudes de piraterie chez nos marins.

Parmi les créations de Colbert relativement à la marine, citons encore des manufactures d'armes, en Forez; des fabriques de goudron, en Dauphiné; d'étamines, à Reims; des forges de canons, en Nivernais et en Bourgogne; de boulets, d'ancres et crics, en Dauphiné et à Brest; de fil de laiton et d'acier, en Bourgogne; de toiles à voiles, à Rochefort; enfin l'exploitation des mines de fer et de cuivre, en Dauphiné. Il se proposait, en outre, de faire fouiller des mines de plomb et d'étain à Terre-Neuve; il contribuait d'ailleurs aux premiers frais, et donnait une gratification aux entrepreneurs, à titre d'encouragement.

Avant de rien commencer, il consultait longtemps les gens, même d'une capacité bornée, qui avaient la connaissance ou la pratique des détails; puis, quand il avait une fois mûri son idée, aucune difficulté ne pouvait le rebuter dans l'exécution. Jamais il ne donnait d'ordres trop sommaires ou ambigus. Il expliquait toujours ses plans et ses intentions d'une façon claire et détaillée. Sans doute, surtout au début, il lui arriva de rencontrer bien des obstacles dans l'impéritie ou la négligence des officiers maritimes; cependant jamais il ne se découragea. Il ne leur écrivait guère que lorsqu'ils étaient en mer, chargés en chef de quelque commandement; alors il prenait volontiers leur avis, mais seulement sur les faits de leur métier, jamais sur les points de police ou de discipline; il aimait mieux traiter directement avec les intendants sur tout ce qui pouvait concerner le service des ports et des arsenaux; il combinait avec eux les plans de tous les armements; ils étaient chargés seuls de l'exécution, et les commandants des escadres étaient tenus de prendre leurs ordres, ou, tout au moins, de les consulter à cet égard.

Grâce à cette surprenante activité de Colbert, voici les progrès accomplis de 1661 à 1683; les chiffres parlent assez haut d'eux-mêmes : en 1661, la marine royale se composait de 30 bâtiments de guerre, de 70 à 30 canons; en 1683, elle comptait 176 bâtiments construits, et 68 en construction, auxquels il faut ajouter 32 galères. Déjà, en 1661, le total des canons de marine s'élevait à 1,045 (570 de fonte, 475 de fer); en 1683, il était de 7,623 (2,004 de fonte, 5,619 de fer). Quant aux approvisionnements des ports, à ne prendre que les mâts, il y en avait, en 1683, 1,442 en magasin, depuis 30 palmes de hauteur jusqu'à 16.

Ainsi, la marine française était en train de devenir la première du monde. Tout semblait y conspirer d'ailleurs; car, à côté d'un ministre organisateur tel que Colbert, se trouvaient des hommes d'exécution tels que Tourville, Duquesne, Vivonne, Châteaurenault, Valbelle, etc.

CHAPITRE VI

COLBERT ET LES ARTS, LES LETTRES ET LES SCIENCES

Les beaux-arts et le Brun. — Le Louvre; Claude Perrault. — Constructions fastueuses; Versailles et Marly. — Mignard et Pierre Puget; prééminence du goût français. — Mouvement littéraire et scientifique. — Les érudits. — La presse périodique et les gazettes à la main. — La cour de Louis XIV.

I

Colbert avait acheté, en 1664, *la surintendance des bâtiments,* qu'il avait transformée en un véritable ministère sous le titre de Direction générale des beaux-arts, et, là encore, nous allons le voir à l'œuvre avec ses qualités et ses défauts. Non content de refaire de fond en comble l'édifice commercial et industriel, il entreprit en même temps, dans le domaine du goût et du beau, des créations monumentales vers lesquelles l'amour de la gloire et de la magnificence portait naturellement Louis XIV.

Colbert, protecteur des arts, est toujours l'homme

COLBERT

Chapelain et Costar remettent à Colbert une liste des écrivains
qui méritent d'être pensionnés par le roi. (Ch. VI.)

des fortes idées et des heureuses inspirations ; mais il est aussi le génie systématique qui veut en tout l'unité et la discipline : les beaux-arts, pour lui, c'est encore un service public, où l'esprit administratif doit avoir la haute main, et où il importe de reproduire cette majestueuse symétrie, emblème d'une majestueuse royauté. Pour la peinture, par exemple, il veut un chef d'école, dont la touche, ample et théâtrale, conforme aux sévères convenances de l'étiquette monarchique, réponde aux préférences du roi ; il faut, en un mot, un peintre qui exerce une sorte de d'hégémonie officielle sur les artistes et leurs œuvres. Ce chef d'école, tout préparé d'ailleurs à ce rôle par la nature de son talent, il ne tardera pas à le trouver ; ce sera le Brun, qui sera nommé tout d'abord premier peintre du roi, puis directeur, non-seulement de l'*Académie de peinture et de sculpture*, mais aussi, nous l'avons déjà vu, de la manufacture des Gobelins.

Les beaux-arts vont donc être organisés comme le reste de l'administration, et le Brun va devenir, par le fait, une sorte de ministre du goût artistique, qu'il réglementera sévèrement, comme Colbert réglementait toutes choses ; qu'on imagine Colbert artiste, il eût été le Brun. Louis XIV approuvait ; c'était bien là, en effet, l'art qu'il voulait, imposant et solennel ; à ses yeux, celui du temps de Louis XIII et de Henri IV était trop vif ou trop léger ; ce n'était pas la peinture, la statuaire et l'architecture qui convinssent à la royauté grandiose, telle qu'il l'entendait; le moment était venu de soumettre les arts, comme tout le reste, à une harmonieuse uniformité.

Un grand peintre qui, n'ayant eu à subir aucune obligation officielle, avait pu suivre les inspirations de son propre génie, Eustache Lesueur, venait d'être enlevé prématurément en 1655, n'étant encore âgé que de trente-huit ans. Son ami et son digne rival, le Poussin, appelé « le philosophe de la peinture », s'était retiré à Rome; le Bourguignon, Valentin et Claude Lorrain, le grand paysagiste, vivaient également en Italie ; mais, bien qu'absents, ils régnaient encore sur l'école française, qui tenait d'eux la science de la composition et le goût des sévères études. En 1648, l'*Académie de peinture et de sculpture* avait été fondée, et les artistes, qui jusqu'alors avaient été confondus pêle-mêle avec les artisans et les badigeonneurs dans une même corporation, celle de Saint-Luc, secouèrent enfin le joug gênant d'un corps de métier dont l'existence remontait d'ailleurs au xiv° siècle. Louis XIV, trouvant donc autour de lui tous les éléments d'un beau développement artistique, entreprit de diriger le goût de la cour et de la nation, et Colbert fut dans cet ordre d'idées le naturel dispensateur des grâces royales. L'Académie de peinture, nouvellement établie, fut constituée d'une façon régulière, avec un directeur, quatre recteurs et un chancelier; puis, bientôt, la création d'une autre académie, celle d'*architecture*, acheva de centraliser la direction des beaux-arts, tandis qu'une *école française*, fondée à Rome, permettait aux artistes de compléter leur éducation en allant étudier sur place les modèles les plus parfaits de l'antiquité et des grands maîtres modernes.

II

En ce qui concerne l'architecture, Colbert voulait achever le Louvre et le réunir aux Tuileries, dessein qui, on le sait, n'a été réalisé que de nos jours. Il appela d'abord de l'Italie, où lui-même avait voyagé, l'architecte et le sculpteur du pape, le Bernin (Bernini); mais le plan de ce dernier ne fut pas agréé, et la construction de la grande façade du Louvre, mise au concours par Colbert, échut définitivement au médecin-architecte Claude Perrault. De 1666 à 1670, on vit successivement s'élever la grande façade orientale connue sous le nom de *Colonnade* et les deux façades du sud et du nord; puis le travail s'arrêta, non pas que Colbert eût renoncé à son projet, mais l'argent fit défaut, ou, du moins, les fonds assignés pour la jonction des deux palais furent dévorés par les dépenses de Versailles. Cette gigantesque construction de Versailles, où semble avoir voulu se représenter en bloc la majestueuse royauté du xviie siècle, affligeait par son inutilité le ministre de Louis XIV. Dès 1666, il essayait de ramener le roi à d'autres vues : « Voici, lui écrivait-il, un métier fort difficile que je vais entreprendre : il y a près de six mois que je balance à dire à Votre Majesté les choses fortes que je lui dis hier et celles que je vais lui dire encore... Votre Majesté sait qu'au défaut des actions éclatantes de la guerre rien ne marque davantage la grandeur et l'esprit des princes que les bâtiments, et toujours la postérité les mesure à l'aune de ces superbes machines qu'ils ont élevées pendant leur vie. Ah ! quelle pitié que le plus grand des rois et le plus vertueux... fût mesuré à l'aune de Versailles! Et, toutefois, il y a à craindre ce malheur. Pendant que Votre Majesté a dépensé de très-grandes sommes en cette maison, elle a négligé le Louvre, qui est assurément le plus superbe palais qu'il y ait au monde, et le plus digne de la grandeur de Votre Majesté ; et Dieu veuille que tant d'occasions qui la peuvent nécessiter d'entrer dans quelques grandes guerres ne lui ôtent les moyens d'achever ce superbe bâtiment! »

III

Le monarque, sur ce point, refuse d'écouter son serviteur : de bonne heure il avait pris l'habitude de délaisser le séjour de Paris, et de transporter la cour à la campagne. Les troubles de la Fronde lui avaient inspiré pour cette grande cité tumultueuse une persistante aversion ; il s'y croyait volontiers mal en sûreté, en tout cas gêné. « Il s'y trouvait importuné, dit Saint-Simon dans ses *Mémoires*, de la foule du peuple à chaque fois qu'il sortait, qu'il rentrait, qu'il paraissait dans les rues ; il ne l'était pas moins d'une autre sorte de foule de gens de la ville, et qui n'était pas pour l'aller chercher assidûment plus loin. Des inquiétudes aussi, qui ne furent pas plutôt aperçues, que les plus familiers de ceux qui étaient commis à sa garde..., firent leur cour de leur vigilance, et furent accusés de multiplier exprès de faux avis qu'ils se faisaient donner, pour avoir occasion de se faire valoir et d'avoir plus souvent des particuliers[1] avec le roi ; le goût de la promenade et de la chasse, bien plus commodes à la campagne qu'à Paris, éloigné des forêts et stérile en lieux de promenades, celui des bâtiments qui vint après, et qui, peu à peu toujours croissant, ne lui en permettait pas l'amusement dans une ville où il n'aurait pu éviter d'y être continuellement en spectacle, enfin l'idée de se rendre plus vénérable en se dérobant aux yeux de la multitude et à l'habitude d'en être vu tous les jours ; toutes ces considérations fixèrent le roi à Saint-Germain bientôt après la mort de la reine sa mère. »

Mais de Saint-Germain la vue porte sur l'église de Saint-Denis, qui renferme les tombeaux de nos

---

[1] C'est-à-dire des *entretiens particuliers*, des *tête-à-tête*.

rois, et rappelle trop souvent à Louis XIV l'idée importune de la mort; il lui faut une autre résidence; ce ne sera ni Fontainebleau ni Chambord; quelque chose y ferait ombrage à sa jalouse personnalité; d'illustres revenants semblent hanter ces châteaux et leurs jardins, car les François Ier et les Henri IV ont habité ces appartements, ont chevauché dans ces bois. Pour le grand roi, il sera créé un palais nouveau, de toutes pièces, sur une terre vierge et solitaire, un palais qui ne procèdera que de lui, ce sera *Versailles*, « le plus triste et le plus ingrat de tous les lieux, sans vue, sans bois, sans eau, sans terre, parce que tout y est sable mouvant et marécage... Il se plut à tyranniser la nature, à la dompter à force d'art et de trésors. Il y bâtit tout l'un après l'autre, sans dessein général; le beau et le vilain furent cousus ensemble, le vaste et l'étranglé [1]. » A côté de jardins dont la magnificence étonne, une vaste zone tour à tour, selon la saison, glaciale ou torride; un entassement irrégulier d'édifices qui forme la façade du levant, et qui enveloppe le modeste château de briques, « ce petit château de cartes que Louis XIII y avait fait pour n'y plus coucher sur la paille [2]; » puis, côte à côte, vers le couchant, une façade immense, trop régulièrement splendide, d'où le regard plonge sur un horizon sec et dur, au delà de ces avenues trop droites,

---

[1] Saint-Simon, *Mémoires*.
[2] *Id., ibid.*

de ces groupes de verdure trop corrects; puis
« cette hiérarchie de bronzes, de marbres, de jets
et de cascades échelonnés sur la montagne royale,
depuis les monstres et les tritons qui rugissent au
bas le triomphe du grand roi, jusqu'aux belles
statues antiques qui couronnent la plate-forme de
la paisible image des dieux... [1]. » Bientôt Trianon,
d'abord simple *petite maison de porcelaine à aller
faire des collations* [2], se change en un palais de
marbre, de jaspe et de porphyre avec des jardins
délicieux. L'eau manquant, on détourne la rivière
d'Eure, entre Chartres et Maintenon, et on l'emprisonne à Versailles. Ce triste coin de terre, tout
à l'heure sans habitants, se peuple tout à coup
d'une foule brillante et empressée, retentit du bruit
des fêtes, des festins et des bals. « Magnificence,
illuminations, toute la France, habits rebattus et
rebrochés d'or, pierreries, brasiers de feu et de
fleurs, embarras de carrosses, cris dans la rue,
flambeaux allumés, reculements et gens roués;
enfin le tourbillon, la dissipation, les demandes
sans réponses, les compliments sans savoir ce
qu'on dit, les civilités sans savoir à qui l'on parle,
les pieds entortillés dans les queues [3], » voilà Versailles, les jours de gala royal. Jules-Hardouin
Mansart fut le principal architecte de ce palais

---

[1] Michelet.
[2] Saint-Simon.
[3] Mme de Sévigné.

féerique; l'intérieur des appartements fut décoré par le pinceau de le Brun, et un troisième artiste, le Nostre, se chargea, pour ainsi parler, de l'architecture végétale, du mouvement des pelouses et des bosquets, des terres et des eaux. En évaluant au taux de la monnaie actuelle, la dépense totale s'éleva au moins à moitié de la somme qu'aura pu coûter de nos jours le percement de l'isthme de Suez.

Mais bientôt, lassé de Versailles même, Louis XIV veut un endroit où il puisse trouver la solitude; il cherche longtemps sur les collines qui bordent le cours de la Seine, et arrête enfin son choix sur un méchant village du nom de *Marly,* une clôture étroite et sans vue, dit Saint-Simon, un *repaire de serpents, de charognes, de crapauds et de grenouilles.* Le mémorialiste ajoute: « Ce fut un grand travail que de dessécher ce cloaque de tous les environs qui y jetaient toutes leurs voiries, et d'y apporter des terres. » On y parvint cependant; on tailla audacieusement dans les collines; on fit venir de Compiègne une forêt entière de grands arbres; on créa en un clin d'œil de vastes pièces d'eau; on établit enfin cette prodigieuse machine dite *de Marly,* avec ses aqueducs et ses réservoirs immenses.

Il y avait un homme qui gémissait de ces folles prodigalités, et qui, malgré sa docilité ordinaire, ne craignait pas de protester contre ce mot du maître tout-puissant: « Le roi fait l'aumône en dépensant beaucoup[1]. » Cet homme, c'était Colbert, qui, en 1675, au plus fort de la guerre, écrivait au roi : « Sire, je supplie Votre Majesté de me permettre de lui dire qu'en guerre et en paix elle n'a jamais consulté ses finances pour résoudre ses dépenses, ce qui est si extraordinaire qu'assurément il n'y en a pas d'exemple; et, si elle voulait bien se faire représenter et comparer les temps et les années passées depuis vingt-cinq ans que j'ai l'honneur de la servir, elle trouverait que, quoique les recettes aient beaucoup augmenté, les dépenses ont de beaucoup excédé les recettes; et peut-être que cela convaincrait Votre Majesté à modérer et retrancher les excessives, et mettre par ce moyen un peu plus de proportion entre les recettes et les dépenses. »

Si Colbert, en dépit de ce ferme et courageux langage, ne put dissuader le roi d'engloutir à Versailles et à Marly des sommes énormes qui auraient dû être plus utilement employées, s'il ne put achever la jonction du Louvre et des Tuileries, il réussit néanmoins à terminer isolément ces deux derniers palais. Il fit décorer la grande galerie du Louvre et les pavillons de Flore et de Marsan; il fit réunir au château le jardin des Tuileries, qui en était auparavant séparé par une rue; ce même jardin fut complétement métamorphosé par le Nostre, en 1665, et l'on commença, cinq ans après,

---

[1] Ce mot est rapporté par l'historien Lemontey.

de planter le grand cours, qui prit dès lors le nom de Champs-Élysées. On doit aussi à Colbert, nous l'avons déjà vu, les plantations de ces boulevards du Nord, comme on les appelait alors, qui sont aujourd'hui les boulevards du Centre, la construction des quais, de la place Vendôme, de l'Observatoire, l'élargissement d'un grand nombre de rues, l'érection d'arcs de triomphe maintenant détruits aux portes Saint-Honoré et Saint-Antoine, à la place du Trône, à la porte Saint-Bernard, enfin ceux des portes Saint-Denis et Saint-Martin, qui subsistent encore. C'est aussi à ce moment que remontent la construction de l'hôtel des Invalides, œuvre de Bruant et de Mansart, et celle du Val-de-Grâce, œuvre de Pierre Mignard et des frères Anguier.

IV

Mignard, le décorateur de Saint-Cloud, remarquable surtout par la grâce, même maniérée, du dessin [1], et par la fraîcheur du coloris, fut, avec Pierre Puget, le seul artiste qui s'affranchit de la dictature de le Brun, et qui représenta en quelque sorte, comme on l'a dit [2], l'opposition dans les arts. Puget, à la fois peintre, architecte et sculpteur, avait été rappelé de Gênes par Colbert, qui le nomma directeur de la décoration des

---

[1] D'où le mot *mignardise*.
[2] M. E. Levasseur, *Histoire des classes ouvrières*.

vaisseaux à Toulon : ce travail consistait à faire à la poupe des navires des galeries ornées de riches balustrades, de sculptures fastueuses, de figures en bas-relief et en ronde-bosse. Ce fut à Toulon qu'il exécuta les fameux groupes de *Milon de Crotone*, d'*Andromède et Persée*, et les grands bas-reliefs d'*Alexandre et Diogène* et de la *Peste de Milan*. Girardon, l'auteur du *Mausolée de Richelieu* (église de la Sorbonne), et Coysevox, à qui nous devons la *Diane chasseresse*, viennent compléter la pléiade des grands sculpteurs constamment encouragés par Colbert.

Dans la gravure, les Audran, les Claude Mellan, les Edelinck, les Dorigny, les Masson, et surtout Robert Nanteuil, tenaient glorieusement leur place à côté des le Brun, des Mignard et des Pierre Puget. Puis venait l'alliance de l'art et de l'industrie, en la personne des ébénistes Laurent Stabre, Jean Macé, et principalement Boule, « savants menuisiers, qui « font en bois », comme disent des quatrains composés à cette époque en manière de nomenclature artistique.

Ainsi, grâce aux soins éclairés de Colbert, digne ministre d'un roi naturellement magnifique, la France devenait, en fait d'art, l'éducatrice de toute l'Europe. C'étaient les ateliers de Paris qui formaient le goût dans les provinces et à l'étranger. « L'Europe, écrira plus tard le grand Frédéric, l'Europe, enthousiasmée du caractère de grandeur que Louis XIV imprimait à toutes ses actions, de la politesse qui régnait à sa cour, et des grands hommes qui illustraient son règne, voulait imiter la France qu'elle admirait ; toute l'Allemagne y voyageait ; un jeune homme passait pour un imbécile, s'il n'avait séjourné quelque temps à la cour de Versailles ; le goût des Français régla nos cuisines, nos meubles, nos habillements, et toutes ces bagatelles sur lesquelles la tyrannie de la mode exerce son empire ; cette passion, portée à l'excès, dégénéra en fureur [1]. »

V

C'est encore le nom de Colbert qui vient sous la plume de l'historien, dès qu'il s'agit du glorieux patronage accordé aux lettres sous Louis XIV. Le roi et son ministre, bien qu'ayant peu d'instruction, dans le sens rigoureux du mot, ont l'un et l'autre un goût naturel et une rectitude d'esprit qui les font excellents juges du beau et du grand. Colbert, d'ailleurs, outre son penchant à favoriser l'éclosion d'une brillante littérature nationale, ne sépare pas dans sa pensée les divers modes de l'intelligence, et comprend que tous les progrès particuliers amènent un progrès général, auquel se mesure non-seulement la valeur morale d'un peuple, mais même son activité maté-

[1] *Mémoires pour servir à l'histoire de la maison de Brandebourg.*

rielle. Il sait qu'une nation capable de produire en littérature des œuvres saines, élégantes et fortes, portera forcément les mêmes qualités de vigueur et de goût dans toutes les branches de travail où l'esprit conçoit et invente. Avant lui le cardinal de Richelieu, qui rêvait aussi pour la France tous les genres de gloire, s'était efforcé de provoquer un réveil éclatant des lettres et de la langue. Mazarin avait accordé des pensions aux plus éminents écrivains français, entre autres à l'historien Mézerai; Foucquet lui-même gratifiait largement sur sa cassette particulière le grand Corneille, la Fontaine, Mlle de Scudéry, et d'autres encore; il semble que tous les puissants s'entendissent alors pour préparer la bienvenue à la nouvelle littérature. Les gens sensés et délicats se souvenaient du temps où la France *espagnolisée*, après avoir été *italianisée*, s'était vue en danger de perdre ses vieilles qualités littéraires et son génie national, le bon sens, la mesure, la verve à la fois rieuse et sérieuse; heureusement l'esprit gaulois persista. Lorsque Henri IV renvoyait, l'épée aux reins, de l'autre côté des Pyrénées, tous ces soldats de Philippe II, qui avaient importé chez nous la barbe pointue et le feutre à longs poils, il renvoyait du même coup cette littérature castillane qui nous avait également envahis, et, on peut le dire, l'esprit français fut sauvé en même temps que la France.

Il courut cependant un nouveau danger; ce fut

au moment des *Beaux-Esprits* et des *Précieuses;* il s'égara un moment dans ces *ruelles* et *salons*, véritables sociétés d'admiration mutuelle, où la littérature était trop fade ou trop menue, lorsqu'elle n'était pas de tout point ridicule. Corneille et Pascal, après Descartes, protestaient seuls, par leurs grandes œuvres, contre cette décadence; il était temps que parût un second ban de grands écrivains pour en finir avec les *alcôvistes*, et pour rendre notre littérature à elle-même. Alors éclatent à la fois, on peut le dire, les Molière [1], les Bossuet, les Racine et les Boileau, pour ne citer que les plus illustres. Ici encore la marque générale du règne de Louis XIV se retrouve : le roi protége les lettres; mais il les domine, les discipline, comme le reste, et la littérature devient, comme on l'a souvent fait observer, une partie du vaste ensemble monarchique; elle sera comme le miroir où se reflèteront la politesse un peu compassée, la régularité un peu taillée ou émondée du grand règne. Symétrie et solennité, tels seront ses caractères dominants; fondée à la fois sur la tradition gréco-romaine que le XVIe siècle a retrouvée, et sur nos qualités nationales, elle sera

[1] On n'oublie pas que Molière a été littérairement contemporain de Corneille et de Pascal; mais ses grands chefs-d'œuvre appartiennent à la période du règne de Louis XIV dont nous traitons plus particulièrement ici. Quant à la Fontaine, toujours tenu à l'écart par le roi, qui ne l'aimait pas, il n'est pas entraîné dans l'orbite royal; il suit sa route à part.

française par la justesse et la mesure, antique par la solidité monumentale des matériaux.

Dès les premiers temps de son pouvoir, Colbert avait pris souci de la condition des gens de lettres, et il s'était fait remettre par deux d'entre eux, Chapelain et Costar, une liste des écrivains qui méritaient d'être pensionnés par le roi. Cette première liste, dressée en 1663, comprend trente-quatre noms : celui de Chapelain s'y trouve naturellement en tête, pour trois mille livres, « comme le plus grand poëte français qui ait jamais été, et du plus solide jugement. » Est-il besoin d'ajouter que la postérité n'a pas ratifié cet éloge hyperbolique que se décernait ainsi à lui-même l'auteur du poëme de *la Pucelle*? En revanche, Pierre Corneille est qualifié par Costar de « premier poëte dramatique du monde », et proposé pour une pension de deux mille livres. Molière est appelé « poëte français fort agréable »; sa pension est de quinze cents livres ; Molière, il est vrai, n'avait pas encore fait toutes ses grandes pièces. Fléchier, « poëte latin et français, » reçut huit cents francs. Racine, « poëte français, » six cents; la futur auteur de *Britannicus* et d'*Athalie* n'avait alors que vingt-quatre ans, et n'était connu encore que par une ode, *la Nymphe de la Seine*, qu'il avait composée à l'occasion du mariage du roi. L'abbé Cotin, « poëte et orateur français, » recevait douze cents livres ; Ménage, « excellent pour la critique des pièces, » deux mille; Cureau de la Chambre, médecin ordinaire du roi, « excellent homme pour la physique et la connaissance des passions et des sens, dont il a fait divers ouvrages fort estimés, » deux mille livres [1].

A ces noms de gens de lettres ou de savants français s'ajoutaient, sur la liste de 1663, quelques noms étrangers, entre autres ceux de deux Hollandais : Isaac Vossius [2], le géographe ; Huyghens, le mathématicien-astronome ; enfin un gentilhomme allemand, Wagenseil. Un autre Allemand, écrivain et homme d'État, Hermann Conring, reçut dix-sept cents livres ; il était chargé

---

[1] Sur cette première liste figuraient encore Conrart, Leclerc, Desmarest, l'abbé de Pure, Boyer, Thomas Corneille, Benserade, Daniel Huet, le Vayer, etc. Il est triste de le faire remarquer, la Fontaine ne fut inscrit sur aucune des listes de pensions dressées du vivant de Colbert. Ni le roi ni le ministre ne lui pardonnaient d'être resté fidèle à Foucquet dans son malheur.

[2] « Quoique le roi ne soit pas votre souverain, écrivait Colbert à Vossius, il veut néanmoins être votre bienfaiteur, et m'a commandé de vous envoyer la lettre de change ci-jointe, comme une marque de son estime et un gage de sa protection. Chacun sait que vous suivez dignement l'exemple du fameux Vossius, votre père, et qu'ayant reçu de lui un nom qu'il a rendu illustre par ses écrits, vous en conserverez la gloire par les vôtres. Ces choses étant connues de Sa Majesté, elle se porte avec plaisir à gratifier votre mérite, et j'ai d'autant plus de joie qu'elle m'ait donné ordre de vous le faire savoir que je puis me servir de cette occasion pour vous assurer que je suis, Monsieur, votre très-humble et très-affectionné serviteur,

« COLBERT. »

Paris, 21 juin 1663.

d'ailleurs de gagner des voix à Louis XIV, qui aspirait alors à la couronne impériale d'Allemagne. On le voit, ces pensions n'avaient pas seulement pour but de rehausser au dehors la grandeur et la libéralité de la cour de France ; elles visaient parfois à un résultat politique.

Cette munificence pécuniaire n'est pas le seul encouragement accordé aux savants et aux écrivains : l'*Académie française*, que Richelieu avait fondée, dans une vue de discipline exclusivement littéraire, est placée sous la protection officielle du roi et mise au rang des grands corps de l'État, tels que le parlement et les autres cours souveraines. Ce n'est pas tout : au mois de décembre 1663, Colbert décide qu'un certain nombre d'académiciens [1] se réuniront en un petit conseil dans sa bibliothèque. Cette *petite académie* avait pour tâche de fournir les *inscriptions*, légendes et devises pour les monuments, les médailles, les écussons, et de préparer et mettre en œuvre les matériaux de l'histoire du roi, à mesure que se succèderaient ses hauts faits. Telle fut la modeste origine de notre *Académie des inscriptions et belles-lettres*. Enfin, trois ans plus tard (1666), Colbert fonde, sur le modèle de la *Société royale de Londres*, un autre corps savant, l'*Académie*

---

[1] Ils n'étaient que quatre dans l'origine, Chapelain, Charpentier, les abbés Cassagne et Bouzeys ; mais le conseil s'augmenta peu à peu : Racine et Boileau en firent aussi partie, à titre d'historiographes du roi.

des sciences, dont l'emblème fut une médaille représentant Minerve entourée d'une sphère, d'un squelette et d'un alambic.

En échange de ce patronage éclairé que le ministre de Louis XIV accordait aux lettres, aux sciences et aux arts, l'Académie française, au mois d'avril 1667, reçut Colbert au nombre de ses membres. « Le 21 du courant, dit *la Gazette de France* de cette année, le duc de Saint-Aignan, ayant été prendre le sieur Colbert en son logis, le conduisit en l'Académie française, établie chez le chancelier de France, laquelle l'avait depuis longtemps invité à lui faire l'honneur d'être un de ses membres; et, après y avoir été reçu avec les cérémonies ordinaires, il fit un discours à la louange du roi avec tant de grâce et de succès, qu'il en fut admiré de toute cette savante compagnie. »

En 1667, il y avait déjà quarante ans que la compagnie travaillait à la confection du fameux Dictionnaire de la langue française; Colbert voulut activer le zèle des académiciens : il établit, dans cette vue, les jetons de présence. Un grand seigneur, membre de la compagnie, s'étant fait un jour apporter un fauteuil pour la séance, Colbert en fit aussitôt envoyer trente-neuf autres : c'est depuis cette époque qu'on dit les « quarante fauteuils », bien que ces fauteuils, comme on le sait, soient aujourd'hui des banquettes.

Avec Louis XIV et Colbert, nous voici loin de

l'hôtel de Mme de Rambouillet, ce premier centre de ralliement des lettrés et des délicats : désormais le grand cercle de littérature, c'est la cour; le juge et le patron suprême, c'est le roi, et le mouvement se communique d'en haut à tous les esprits. A Paris et dans les provinces il se forme, à l'imitation des académies créées ou développées par Colbert, de nombreuses sociétés savantes dont les travaux et les discussions ouvrent aux intelligences des horizons autrement étendus que ceux des « bureaux d'esprit ». La littérature et la science marchent du même pas : Colbert, en homme pratique, comprend que le véritable esprit scientifique doit procéder avec méthode et rejeter les vieilles utopies; la nouvelle Académie des sciences, qui compte parmi ses premiers membres l'anatomiste Pecquet, le physicien Mariotte, les géomètres Roberval et Carcavi, le médecin-physionomiste Cureau de la Chambre, l'astronome Huyghens, le savant et artiste Claude Perrault, partage ses travaux entre cinq sections : les mathématiques pures et appliquées, l'astronomie, la botanique, l'anatomie, la chimie. L'astrologie, l'alchimie, sont formellement renvoyées au pays des creuses visions, et, au lieu de se consumer dans la vaine recherche de la pierre philosophale, les savants appliquent dorénavant leur activité aux études sérieuses. Dans la chirurgie, la France conquiert, dès le XVIIe siècle, le premier rang ; le premier cours de chimie vraiment scientifique est publié en 1675 par Lemeri ; la mécanique, vivement encouragée par Colbert, qui en a besoin pour la marine et l'industrie, invente les machines à draguer, les scieries, les métiers à bas et à rubans, etc. Les astronomes, pour lesquels, nous l'avons vu, on a construit l'Observatoire, sur les dessins de Claude Perrault, ne demeurent pas en arrière du mouvement général : Picard invente des instruments précieux, entre autres le micromètre, la lunette d'épreuve. Colbert appelle en France le fameux astronome italien Cassini, et l'établit à l'Observatoire ; enfin un autre savant étranger, le Danois Roëmer, vient également à Paris, en 1711 ; il y calculera, six ans plus tard, la vitesse du rayon solaire.

VI

L'érudition pure attire aussi l'attention du ministre, qui avait lui-même une riche bibliothèque, confiée aux soins d'Étienne Baluze, le commentateur [1]. A la demande de Colbert, le fameux historien et glossateur Ducange rédige le projet d'un recueil complet des historiens de France, qui servira de base à la grande collection des bénédictins, et, à l'exemple de Ducange, Mabillon, Denis Godefroi, le Laboureur, Moreri, Tillemont, ouvrent à l'envi les sources de l'his-

[1] Le *fonds* de Colbert, dit *fonds-Baluze*, est aujourd'hui à la Bibliothèque impériale.

toire. En même temps, et toujours sur l'initiative du ministre, se constitue ou s'étend la science de la numismatique, et l'on s'occupe de réunir en grand nombre médailles et monnaies antiques. Un ancien médecin, nommé Vaillant, chez qui le désir d'expliquer quelques vieilles monnaies trouvées par un fermier de son pays avait fait naître le goût de cette étude, est chargé d'aller en Italie, en Sicile, en Grèce, pour y recueillir les éléments du cabinet royal des médailles, dont les richesses sont maintenant à la bibliothèque de la rue Richelieu. Dans des voyages ultérieurs, Vaillant explore l'Égypte, la Perse, l'Angleterre et la Hollande [1].

Les études orientales ne progressent pas moins rapidement, grâce aux immenses recherches d'Herbelot, le savant auteur de la *Bibliothèque orientale*. Enfin l'enseignement du droit civil ou romain est définitivement établi à Paris, et le droit français, c'est-à-dire celui des *coutumes* et des *ordonnances*, devient une science officielle des universités.

VII

Nous n'aurions pas rendu à Colbert toute la

---

[1] A son second voyage, pris en mer par un pirate algérien, Vaillant demeura esclave près de cinq mois ; à peine eut-il recouvré la liberté, se voyant sur le point de tomber entre les mains d'un autre corsaire, il avala une vingtaine de pièces curieuses qu'il avait pu sauver.

part qui lui revient dans le grand mouvement intellectuel du xviie siècle, si nous ne rappelions pas la fondation du *Journal des savants*, qui fut, comme dit Voltaire dans le *Siècle de Louis XIV,* « le père de tous les ouvrages de ce genre dont l'Europe est aujourd'hui remplie, et dans lesquels trop d'abus se sont glissés comme dans les choses les plus utiles. » Cette feuille, à la fois littéraire et scientifique, parut dès 1665 sous la direction d'un conseiller au parlement de Paris, Denis de Sallo, non-seulement magistrat érudit, mais homme très-versé dans la connaissance des langues anciennes et étrangères; il avait en outre des notions fort étendues sur les questions de marine, sur les droits de la couronne, etc.; c'était un autre Bayle en quelque sorte. Il siégeait parmi ce conseil de savants dont Colbert s'entourait souvent, et qu'il aimait à consulter sur tous les intérêts de la république des lettres. Dès son arrivée au ministère, Colbert avait eu l'idée d'un ouvrage périodique qui parût régulièrement à la date marquée, annonçant les livres nouveaux, en donnant l'analyse, et signalant toutes les découvertes ou nouveautés survenues dans le domaine de la littérature ou de la science. En 1663, Mézerai, l'historiographe du roi, avait reçu, dans cette vue, une autorisation en forme de privilége pour faire paraître un recueil hebdomadaire, sous le titre de *Journal littéraire général,* destiné à « recueillir et amasser de toutes parts et endroits qu'il avisera bon être, les nouvelles lumières, connaissances, et inventions qui paraîtront dans la physique, les mathématiques, l'astronomie, la médecine, anatomie et chirurgie, pharmacie et chimie; dans la peinture, l'architecture, la navigation, l'agriculture, la texture, la teinture, la fabrique de toutes les choses nécessaires à la vie et à l'usage des hommes, et généralement dans toutes les sciences et dans tous les arts, tant libéraux que mécaniques; comme aussi de rechercher, indiquer et donner toutes les nouvelles pièces, monuments, titres, actes, sceaux, médailles, qu'il pourra découvrir servant à l'illustration de l'histoire, à l'avancement des sciences et à la connaissance de la vérité. »

Mézerai n'ayant point profité du privilége, l'idée et le programme furent repris et mis à exécution par Sallo, sous le pseudonyme de Hédouville, dans le *Journal des savants*. Cette publication, où Sallo n'avait d'autre mobile et d'autre objet que l'amour des lettres et l'intérêt de la vérité, eut tout d'abord un excellent effet : celui de substituer une suprématie, une censure plus haute, et, en fin de compte, le jugement du public à celui des petites coteries dans le sein desquelles se réfugiaient auparavant les auteurs médiocres ou sifflés. Sans doute, il devait en résulter aussi des animosités et des tempêtes ; mais le bien, en définitive, l'emporta sur le mal. Colbert, d'ailleurs, conserva sa protection au journal dont il avait été l'inspirateur et le parrain ; il y voyait la source d'une émulation favorable au progrès des lettres, et lorsqu'en 1666 Sallo quitta la direction du recueil, il lui choisit avec soin un successeur : ce fut l'abbé Gallois, tout ensemble littérateur, érudit, mathématicien, astronome, jurisconsulte et théologien. Ajoutons que le *Journal des savants*, à peine né, fut traduit ou imité dans les principaux pays de l'Europe : en Angleterre, il donna le jour aux *Transactions philosophiques*, journal de la société royale de Londres ; à Leipzig, aux *Acta Eruditorum* d'Othon Mencke, et, en France même, il suscita divers recueils spéciaux dont les plus remarquables furent, en 1672, le *Journal du palais ou Recueil des principales décisions de tous les parlements et cours souveraines de France;* en 1679, le journal mensuel intitulé : *Nouvelles Découvertes dans toutes les parties de la médecine*, fondé par le médecin Nicolas de Blégny [1].

Un genre de recueils que n'aime pas Colbert, et qu'il traite avec sévérité, ce sont les *Gazettes à la main*, c'est-à-dire la presse clandestine, les petits écrits médisants, les libelles injurieux, qu'on se passait sous le manteau. Cette circulation de pamphlets et de pièces anecdotiques datait sur-

[1] Nous citons seulement ici pour mémoire le *Mercure galant*, dont Donneau de Visé commença la publication vers 1672, et qui fut le premier recueil alliant la politique à la littérature.

tout du mouvement de la Réforme, et l'on peut dire qu'à cette époque toute selle de cheval et toute doublure de vêtement recélait un manifeste ou une satire. Dès la première moitié du XVIIe siècle, il y avait, en outre, en France ce qu'on pourrait appeler aujourd'hui une feuille officielle : c'était *la Gazette de France,* recueil régulier et périodique fondé en 1631, avec l'appui de Richelieu et de Louis XIII, par le médecin Théophraste Renaudot, et comptant parmi ses rédacteurs Mézerai, Bautru, Voiture et la Calprenède. Cette gazette n'était pas, du reste, le premier journal qui eût paru en Europe; elle avait des aînées : les *Ordinaire Zeitunger* d'Augsbourg, feuille commerciale créée sous les auspices de la fameuse maison Fugger; les *Nouvelles hebdomadaires d'Italie, d'Allemagne, de Hongrie et de Bohême,* autre écrit périodique publié à Londres, en 1622, par une association d'éditeurs. Mais, au XVIIe siècle, ce qu'on a commencé d'appeler alors le *nouvellisme* avait une belle place à prendre à côté de la Gazette de Renaudot, qui était loin de satisfaire complétement la curiosité bonne ou mauvaise des badauds et des oisifs tant de la cour que de la ville. Aussi les nouvellistes pullulaient, non-seulement dans la capitale, mais dans les petites villes du royaume. « C'est une plaisante chose, écrivait Racine à son fils, que les provinces; tout le monde y est nouvelliste dès le berceau, et vous n'y rencontrez que des gens qui débitent gravement et affirmativement les plus sottes choses. » C'est à Paris toutefois que prospérait surtout le nouvellisme ; en certains endroits, tels que le cloître des Célestins, le Pont-Neuf, les Grands-Augustins, le palais de justice, le jardin des Tuileries, lecteurs de gazettes, débiteurs de bruits ou contes, raisonneurs politiques tenaient en quelque sorte cour plénière, sans compter les boutiques de barbiers et les cabarets, où toutes sortes de gens se donnaient carrière. Quelquefois les nouvellistes disaient vrai, car plusieurs avaient au loin, à l'étranger même, des correspondants qui les avisaient de bien des choses inconnues du public. Cette circulation de pièces le plus souvent manuscrites préoccupait Colbert, homme d'ordre par excellence ; en avril 1670, il écrivait au lieutenant de police : « J'ai rendu compte au roi de la lettre que vous m'avez écrite sur le sujet des gazettes à la main. Sa Majesté désire que vous continuiez à faire une recherche exacte de ces sortes de gens et que vous fassiez punir très-sévèrement ceux que vous avez fait arrêter, étant très-important pour le bien de l'État d'empêcher à l'avenir la continuation de pareils libelles. » Dans les provinces, c'étaient les intendants qui étaient chargés de cette poursuite. Ajoutons que la gazette à la main se dérobait le plus souvent à toute atteinte comme un protée insaisissable : une immense et vague complicité, la connivence même des plus hauts personnages, en faisaient la force et le salut, et dépit des foudres ministérielles.

VIII

Sans insister sur les sérieuses manifestations de l'esprit humain, — car nous n'avons pas à faire ici l'histoire complète du XVIIe siècle, — on ne saurait néanmoins étudier Colbert, c'est-à-dire l'homme qui a le mieux représenté, à cette époque, le génie fécond de la paix, du travail et de la civilisation, sans évoquer le souvenir de cette radieuse pléiade d'écrivains qui entourent le grand roi : nous avons déjà nommé, outre le vieux Corneille, les Molière, les Racine, les la Fontaine, les Boileau ; voilà pour la poésie ; quant à la prose, quel éclat aussi, avec Pascal, Bossuet, Bourdaloue, Mme de Sévigné, la Rochefoucauld, d'autres encore ! Le rendez-vous de la plupart de ces grands esprits, c'est la cour, dont il convient de dire quelques mots.

Ce qu'on a nommé la *Cour*, sous l'ancienne monarchie, ne date réellement que de François Ier. A cette époque autour d'un roi, ami tout à la fois des arts et des grandes aventures guerrières, se forme un noyau de princes, de nobles et de gouverneurs de province; mais cette union n'est que passagère : l'aristocratie, toujours indépendante par le fait, n'a pas élu domicile auprès du monarque suzerain; le trône n'a pas encore cette force d'attraction qui doit plus tard en faire un centre unique, autour duquel les plus grands personnages du royaume tiendront à honneur de graviter.

Avec Louis XIV, au contraire, le cortége royal devient permanent. Les sévérités de Richelieu ont anéanti les influences seigneuriales dans les provinces, comme l'avortement de la Fronde a mis fin aux résistances parlementaires et bourgeoises ; la puissance de ce qu'on appelait le *château* est détruite, et l'on ne verra plus désormais de grands seigneurs, comme les ducs de la Rochefoucauld et de Bouillon, appeler, prendre à gages et armer en guerre la petite noblesse environnante. La domesticité unique de la cour remplace ces mille domesticités auparavant éparses dans le pays ; et, par ce mot *domesticité,* pris dans le sens de l'époque et selon l'étymologie, il faut entendre, dans une certaine mesure, cette condition du commensal et cette existence presque commune que menait le vassal auprès de son suzerain. La noblesse n'a plus son ancienne opulence : dorénavant les vraies sources de la richesse, c'est le commerce, ce sont les charges de judicature et de finance, apanage de la bourgeoisie. Que deviendra la petite noblesse ? Où iront tous ces cadets de famille au blason dédoré ? Qui nourrira ces déclassés de la vieille aristocratie d'épée ? Le roi. Ils auront des charges, des sinécures à la cour ; ils auront des dons, des pensions, et, en échange de ces marques de munificence, ils se livreront tout entiers au prince; ils demeureront ses humbles satellites; ils composeront la foule obséquieuse des courtisans.

Une fois entrés à la cour, ils ne songent plus à en sortir. Quelle différence entre le sombre manoir natal et cet éden radieux où tout est honneurs, plaisirs, fêtes et splendeurs! N'est-ce pas l'olympe terrestre que ce palais où se pressent autour du maître, quêtant un regard de lui, tous les princes de la naissance et de l'esprit? Car ce ne sont pas seulement les grands qui composent cette cour féerique; nous l'avons dit, les écrivains et les artistes y marchent presque de pair avec les nobles de vieille roche; ils comptent parmi les rayons de l'astre dont émane et auquel retourne tout éclat. La grande loi de cet empyrée, c'est l'*étiquette;* la grande faveur, c'est de suivre le monarque partout, c'est d'être admis à sa table ou dans ses carrosses. Le maître « voyait et remarquait tout le monde, dit Saint-Simon; aucun ne lui échappait, jusqu'à ceux qui n'espéraient pas même être vus. Il distinguait très-bien en lui-même les absences de ceux qui étaient toujours à la cour, celles des passagers qui y venaient plus ou moins souvent, les causes générales ou particulières de ces absences; il les combinait, et ne perdait pas la plus légère occasion d'agir à leur égard en conséquence. C'était un démérite aux uns, et à tout ce qu'il y avait de distingué, de ne faire pas de la cour son séjour ordinaire, aux autres d'y venir rarement, et une disgrâce sûre pour qui n'y venait jamais, ou comme jamais. Quand il s'agissait de quelque chose pour eux : « Je ne le connais point, » répondait-il fièrement. Sur ceux qui se présentaient rarement : « C'est un homme que je ne vois jamais. » Et ces arrêts-là étaient irrévocables. C'était un autre crime de n'aller point à Fontainebleau, qu'il regardait comme Versailles, et pour certaines gens de ne demander pas pour Marly, les uns toujours, les autres souvent, quoique sans dessein de les y mener ; mais si on était sur le pied d'y aller toujours, il fallait une excuse valable pour s'en dispenser, hommes et femmes de même. Surtout il ne pouvait souffrir les gens qui se plaisaient à Paris. »

Ainsi, la faveur du maître était devenue l'unique mesure de toute gloire et de tout crédit.

CHAPITRE VII

COLBERT ET LA POLITIQUE DE CONQUÊTE

Rôle de Louvois. — État de l'Europe en 1672. — Progrès du Brandebourg. — Situation de l'Angleterre. — Prospérité de la Hollande. — Politique offensive de Louis XIV, *guerre des droits de la Reine.* — Préliminaires de la guerre contre la Hollande. — Campagnes de 1672 à 1678. — Paix de Nimègue.

I

Nous avons voulu exposer sans interruption l'œuvre immense de Colbert ; nous l'avons montré non-seulement créant l'administration, presque de toutes pièces, mais favorisant le mouvement des idées, le progrès des lettres, des sciences et des arts. Si la paix n'est pas troublée, ou du moins, si une sage politique extérieure s'abstient de toute entreprise dictée par l'esprit d'orgueil ou de témérité, quelle riche moisson ne va pas sortir des germes féconds déposés sur le sol français par le grand ministre de Louis XIV ! A toute aventure d'ailleurs, la France, fortement réorganisée et constituée, n'a pas à craindre de se trouver prise au dépourvu. Le département de la guerre est, depuis l'année 1666, aux mains d'un travailleur non moins infatigable que Colbert ; c'est le jeune marquis de Louvois, fils du secrétaire d'État le Tellier. Tandis que Colbert refait la prospérité matérielle et intellectuelle du pays, l'autre prépare de son côté, mais sans bruit, les ressources spéciales de la guerre ; en dehors du champ circonscrit où s'exerce son activité, il est en quelque sorte subalternisé par le contrôleur général. Celui-ci, qui gouverne le commerce et la marine, ne peut-il pas, à l'occasion, intervenir très-efficacement dans la conduite des affaires diplomatiques? Le ministre qui tient les finances, le nerf de la guerre par excellence, n'est-il pas en mesure de peser sur l'administration militaire? Ne dispose-t-il pas des fonds des approvisionnements et fortifications? N'est-ce pas lui qui règle les mesures d'ordre et de discipline, les rapports entre le soldat et l'habitant? Plus d'une fois même il se mêle de questions de pure constitution militaire ; il critique, par exemple, au nom de l'unité de l'armée, le principe des *gardes royales* créées par Louvois comme une pépinière d'officiers ; il craint que l'institution de corps privilégiés n'engendre au sein de l'armée des jalousies, des découragements, des antagonismes, et il écrit au roi pour l'avertir du danger. Mais celui-ci ne tient pas compte de l'avertissement ; l'œuvre de Louvois, à un autre titre que celle de Colbert, lui est également agréable. L'un lui assure la puissance qui vient d'une bonne économie intérieure, l'autre celle qui vient d'une forte organisation de l'armée, d'une discipline rigoureuse, d'une entière centralisation militaire : aux yeux de Louis XIV, ses deux ministres se complètent ainsi l'un par l'autre. Cependant, en 1666, le génie de la paix l'emporte encore auprès de lui sur le génie de la guerre ; plus tard, quand viennent l'enivrement de la puissance et la folle ambition des conquêtes, le rôle de Louvois prend une importance prépondérante.

II

Au moment où Louis XIV songe à employer, dans des vues d'agrandissement territorial et de prédominance politique, les forces d'une monarchie désormais absolue, quel est l'état de l'Europe ?

Les traités de Westphalie (1648) avaient produit de grands changements dans le monde occidental. Victorieux de l'Autriche, nous lui avions pris les Trois-Évêchés, Vieux-Brisach, l'Alsace, sauf Strasbourg, et, par nos soins, le Rhin avait été déclaré fleuve libre. La France menaçait la Lorraine, proie assurée pour l'avenir, et déjà, campée au delà du Rhin, elle avait un pied en Allemagne. C'est la période la plus brillante de la maison de Bourbon, héritière de la gloire et de la puissance de Charles-Quint. La France, en faisant reconnaître aux États allemands son droit de s'unir aux puissances étrangères et en formant la ligue du Rhin, s'était ménagé des alliances précieuses, et, au sein même de l'Empire, un appui certain contre l'Empereur. La France d'ailleurs, par elle-même, était le royaume le plus uni, le plus compacte, le mieux gouverné de l'Europe, et ce qui augmentait encore sa force, c'était la faiblesse de la plupart de ses voisins.

En effet, voyez l'Allemagne, cet empire naguère si redoutable : elle en est à la diversité et à la discordance d'intérêts entre les peuples qui la composent. Un moment la Réforme, en séparant ce pays en deux camps, avait accru la puissance impériale, car elle avait mis naturellement l'Empereur à la tête du parti catholique, et lui avait ainsi donné, au lieu de vassaux indociles ou jaloux, des partisans qu'une cause commune à soutenir rendait fidèles et dévoués ; cet accroissement fut arrêté par ce traité de Westphalie, doublement fatal et à l'autorité impériale et à l'autorité catholique en Allemagne. En effet, douze archevêchés ou évêchés avaient été *sécularisés* à la fois et donnés à la Suède, à la Prusse et au Mecklembourg, en sorte que l'Église catholique payait, en grande partie, les frais de la guerre de Trente ans. Le *Recès de Ratisbonne*, en 1803, achèvera l'œuvre commencée en 1648. Déjà, à partir de cette dernière date, l'Empire n'est plus qu'une confuse et disparate agglomération de trois cent soixante États, luthériens et catholiques, monarchiques et républicains, laïques et ecclésiastiques.

Cependant il y avait une maison allemande qui, peu à peu et dans l'ombre, grandissait d'une façon redoutable : c'était celle de Brandebourg [1]. Rapprochant, par tous les moyens, bons ou mauvais, ses domaines épars, s'enrichissant de Magdebourg, d'Halberstadt, de Camin et de Minden, cette maison donnait un remarquable exemple de ce que peut l'esprit de suite et d'opiniâtreté. Il ne semblait pas qu'il dût jamais se former un État important dans cette partie de l'Allemagne du Nord, plus divisée encore que les autres ; c'était un pêle-mêle de peuples slaves et allemands, un sol aride, surtout au cœur du duché même, un pays enveloppé par des voisins relativement puissants : à l'est, la Pologne ; au sud, la Saxe, alors presque l'égale de l'Autriche ; au nord, la Suède et le Danemark, qui intervenaient sans cesse dans les affaires de l'Allemagne. Et pourtant, malgré tant d'obstacles, le grand-électeur avait su élever le Brandebourg presque à la hauteur d'un royaume : dès 1618, il était devenu duc de Prusse ; en 1657, le traité de Weslau l'avait débarrassé de la suzeraineté de la Pologne, et lui avait donné, de fait, force de souverain indépendant.

[1] On le sait, le Brandebourg est le berceau du puissant royaume de Prusse.

Quant à la Hongrie, elle avait gagné, elle aussi, à intervenir dans la guerre de Trente ans : en 1648, Ragotski était mort ; mais son fils avait pris sa place, et la lutte des Hongrois contre la maison d'Autriche devait se continuer à la fois et pour la Hongrie et pour la Transylvanie.

L'Espagne, cette autre branche déchue de la maison d'Autriche, s'épuisait chaque jour davantage : sans finances, sans marine, sans armée, elle était devenue un désert, un désert si vaste et si désolé, que l'on répétait ce dicton : « L'alouette ne traverse les Castilles qu'en portant son grain avec elle. » Malgré cela, l'Espagne, n'ayant pas été comprise dans les traités de Westphalie, avait continué la guerre contre la France jusqu'à la paix des Pyrénées (1659). Elle possédait encore, il est vrai, la Franche-Comté, la Belgique, le Milanais, les Deux-Siciles et la Sardaigne ; mais tant de domaines, d'ailleurs si épars, l'appauvrissaient au lieu de l'enrichir. La paix des Pyrénées, dont nous venons de parler, lui avait enlevé, à notre profit, l'Artois, la Cerdagne, le Roussillon ; de plus, le Portugal, aussi bien que la Hollande, venaient de lui échapper.

Le Portugal était bien déchu, lui aussi, de son ancienne prospérité ; cette même liberté qui fit la fortune de la Hollande fit la ruine des Portugais, parce que cette liberté leur vint trop tard ; puis les ennemis de Philippe II avaient habilement confondu dans leur haine le Portugal avec l'Espagne, et avaient dépouillé ces deux États en même temps. Le jour approchait où, comme nous l'avons indiqué déjà, le Portugal deviendrait la proie de l'Angleterre, où ses habitants ne seraient plus que ce qu'ils sont encore aujourd'hui, les courtiers et les commissionnaires des Anglais.

En Italie, Gênes était toujours menacée par l'ambition et les complots d'une voisine redoutable et perfide, la Savoie; Venise, à l'écart, ne se signalait plus, de temps à autre, que contre les Turcs, ses vieux ennemis; Florence revendiquait avec Torricelli et Viviani la gloire scientifique, comme elle avait conquis celle des lettres et des arts. Sollicité à la fois et contradictoirement par la France et l'Espagne, le pape avait bien de la peine à maintenir son indépendance entre ces deux rivalités gênantes; enfin, au milieu de la mer, Malte, toujours au pouvoir de ses chevaliers, relevait encore du royaume de Naples et, partant, de l'Espagne.

Ainsi, dans l'Italie, ce vieux champ clos des nations, une seule fortune grandissait, une seule puissance mettait à profit, par tous les moyens, le temps présent, et s'assurait de l'avenir : c'était la Savoie, cette maison de Brandebourg du Midi. Ancienne province du royaume d'Arles, ce petit comté du moyen âge s'était singulièrement accru en peu d'années. On sait le rôle qu'il joua sous Louis XIII; déjà il jetait des regards de convoitise sur ce Milanais qu'Henri IV lui destinait dans son *grand projet* de remaniement de la carte d'Europe; en attendant, ses princes travaillaient à donner une forte organisation militaire à la Savoie, et à établir ses communications avec la France en jetant un chemin sur les Alpes : bientôt ce petit État pèsera beaucoup pour sa part dans la balance de l'équilibre général.

Dans le nord de l'Europe, la Suède, maîtresse, depuis la paix de Stolbowa (1617), de l'Ingrie et de la Carélie, avait obtenu, en 1645, au traité de Bronsebro, l'affranchissement de trois de ses provinces méridionales, occupées jusque-là par le Danemark, et l'exemption des péages du Sund. Puis elle avait partagé avec la France les profits de la paix de Westphalie; enfin le traité de Copenhague, confirmant ceux de Roskild, d'Oliva et de Kardis, lui avait donné la Scanie, la Blekingie, le Haland, l'Esthonie, la Livonie, et, dès lors, elle prit place au nombre des États riverains de la Baltique ; mais la Suède manquait d'hommes et d'argent; elle s'était épuisée, depuis Gustave-Adolphe, dans de glorieuses guerres.

La Pologne, si puissante jadis, était en pleine décadence depuis l'extinction des Jagellons. Jean Casimir, le dernier des Wasa, avait abdiqué en prédisant aux Polonais le futur partage de leur pays : « Il y a longtemps, leur avait-il dit, que vous mettez à l'enchère votre vénale couronne ; mais il viendra un jour où vos voisins aimeront mieux se partager vos terres que de porter votre diadème. » Un autre danger, aussi terrible que l'anarchie, menaçait la Pologne, c'était la puissance de la Russie, qui, relevée par Michel Romanow, et victorieuse des Tartares d'Astrakan, touchait aux rives de la Caspienne. On sait qu'en 1629 Michel avait signé un traité de commerce avec Louis Deshayes, envoyé de Richelieu.

Touchant presque à la Russie, les Turcs, à l'orient de l'Europe, étaient encore redoutables : leur empire, accru de Bagdad, la conquête d'Amurath IV, s'étendait jusqu'au Dniester, jusqu'à la Transylvanie, et s'agrandissait tous les jours. Ibrahim, avant de mourir (1648), avait enlevé Azof aux Cosaques du Borysthène, et Candie aux Vénitiens. Unis aux Hongrois contre l'Autriche, les Turcs avaient pris une part active à la guerre de Trente ans, et la sécurité de Vienne devait être encore plus d'une fois menacée jusqu'à la victoire de Saint-Gothard (1664).

Un État d'Europe, l'Angleterre, avait un moment séparé son histoire de celle des autres nations : étrangère au continent, elle avait accompli à l'écart sa sanglante révolution ; puis, guidée par Cromwell, elle avait reparu sur la scène politique, avide de s'emparer du sceptre des mers. Mais elle-même, en 1660, avait été ressaisie par les Stuarts, et Charles II avait trouvé la nation anglaise en apparence si résignée, qu'il se reprochait de n'être pas revenu plus tôt. On put croire, en effet, que la royauté en Angleterre sortait plus forte et plus enracinée de l'épreuve qu'elle avait subie. C'est que le pays, en 1661, était à peu près dans la même situation qu'après la guerre des Deux Roses ; la satiété, le découragement, le livrèrent de nouveau aux Stuarts. La révolution qui avait chassé les rois n'avait pu fonder de gouvernement : Cromwell, qui comprenait que le vœu le plus persistant du pays était d'avoir un gouvernement parlementaire, avait en vain voulu établir un pouvoir pris au sein de la nation : il s'était adressé successivement à tous les partis : tous apportaient avec eux leurs rivalités, avec des prétentions inconciliables. Aussi, quand Monk proposa le rappel des Stuarts, il ne fit qu'aller au-devant du véritable désir public ; la *restauration* était espérée, attendue de toute l'Angleterre. Il fallait que Charles II, pour entretenir sa popularité, conciliât les vieilles traditions avec la satisfaction des besoins nouveaux que la longue opposition parlementaire avait éveillés dans la nation ; il fallait qu'il renfermât dans les limites de la légalité les prérogatives de la monarchie, qu'il s'appliquât surtout à l'apaisement des esprits. Il parut d'abord entrer dans cette voie, sur les sages conseils de lord Clarendon : une *déclaration* solennelle confirma les concessions de Breda ; mais bientôt la confiance cessa d'une part, et de l'autre la modération. L'Angleterre s'était trompée elle-même quand elle avait voulu revenir de bonne foi à l'ancienne monarchie : il y a chez les peuples certaines idées que frappe irréparablement de mort une révolution comme celle de 1648. Un principe tout anglais était né au milieu du sang et des ruines : c'était, en matière de gouvernement, la prépondérance des *chambres*. De son côté, la couronne comptait bien voir se rétablir, avec le représentant des anciens rois, l'empire des lois primitives, et ressaisir ainsi tout pouvoir. Charles II était d'ailleurs un prince frivole, ami du plaisir, sans frein, une sorte de Louis XV anticipé. Ses prodigalités étaient excessives, et le manque d'argent l'avait placé tout d'abord sous la dépendance de Louis XIV, qui lui en avançait, et qui saura entretenir habilement les divisions entre le roi d'Angleterre et son parlement.

La nation jeune, vigoureuse et riche par excellence, c'était alors la république des Provinces-Unies. Bien des causes avaient contribué à faire de la Hollande, en 1661, une puissance du premier ordre : sans parler de cet esprit d'économie et de persévérance, qui est le trait le plus marqué du génie néerlandais, les événements eux-mêmes, durant une période de plus d'un siècle, favorisèrent les rapides progrès de la nouvelle république. La multiplicité des entreprises de Philippe II rendit vaines toutes ses tentatives pour reconquérir les Pays-Bas ; ayant trop embrassé à la fois, il n'étreignait plus. Puis, tandis que chaque peuple avait ses embarras, la Hollande marchait en avant sans entraves. Le despotisme ou l'impéritie de Jacques Ier ruinait pour un temps la prospérité intérieure et extérieure de l'Angleterre; l'Empire, affaibli par de continuelles divisions politiques et religieuses, était livré aux horreurs de la guerre de Trente ans; la France était agitée par les dernières convulsions de la Ligue : pendant ce temps, la Hollande assurait sa liberté au dedans, et préparait son mouvement d'expansion au dehors. Elle ne devait qu'à elle seule son indépendance, qu'elle avait conquise et maintenue par les armes contre l'Espagne; ce n'est qu'en 1635 qu'elle avait accepté les secours directs de la France, et cette alliance avait achevé d'ôter à l'Espagne tout espoir de revendication sur les Pays-Bas. Mais l'union avec Richelieu, utile dans le principe, pouvait devenir prochainement un danger : les Hollandais le comprirent, et la prévoyance avec laquelle ils surent conjurer les conséquences fâcheuses de l'assistance étrangère, la prudente politique qui leur indiqua que les Pays-Bas espagnols pouvaient isoler leur république de la France, sans la livrer à l'Espagne, fut la preuve la plus éclatante du sage caractère de cette nation, et une des causes de sa grandeur. La guerre avec Cromwell, en révélant à toute l'Europe les ressources maritimes de la Hollande, lui valut une influence égale à sa force réelle. Elle se consolidait, s'enrichissait des désastres de ses anciens maîtres, et grandissait de jour en jour par la marine et le commerce. Un événement heureux pour elle avait été la réunion du Portugal à l'Espagne en 1580 : dans le cours du xvie siècle, les Portugais avaient fondé dans les Indes un vaste empire ; mais leurs colonies, mal administrées, étaient déjà en décadence, quand la conquête espagnole, en leur donnant pour ennemis tous les ennemis de Philippe II, acheva de les ruiner. Au moment où l'Espagne, maîtresse de Luçon et des Philippines, semblait pouvoir prétendre à l'hégémonie dans les deux Indes, la Hollande était déjà en état de lui faire, dans ces parages, une concurrence redoutable. Dès 1590, elle s'était emparée du commerce de commission, achetant à Lisbonne les productions des Indes, pour les revendre dans toute l'Europe. Philippe II, après avoir mis la main sur le Portugal, défendit à ses nouveaux sujets toute relation avec ses ennemis ; mais cet interdit, loin de ruiner les Hollandais, favorisa l'accroissement de leur puissance en les obligeant d'aller chercher à leur source les richesses de l'Orient. En 1695, ils établirent, à l'exemple de l'Angleterre, une compagnie des « pays lointains ». Ils s'emparèrent d'une grande partie des colonies portugaises, descendirent, en 1607, à Amboine et à Tidor ; en 1609, à Java, où ils fondèrent la ville de Batavia, et, la même année, ils étaient reçus au Japon ; enfin, en 1640, ils se rendirent maîtres de Ceylan et de Malacca.

En somme, la Hollande possédait le Brésil, presque tout l'empire portugais des Indes, et, en

Europe, tenait les bouches de la Meuse, du Rhin et de l'Ems. En 1648, son indépendance avait été formellement reconnue par l'Espagne, et la fermeture de l'Escaut avait amoindri Anvers au profit d'Amsterdam et de Rotterdam, et ruiné le commerce des Pays-Bas espagnols. C'est ainsi que la Hollande, sous Louis XIV, était réellement un des États dominants de l'Europe. Quoique attaquée déjà dans son commerce par l'*acte de navigation*[1], la « nouvelle Carthage », comme on la nommait, couvrait les mers de ses vaisseaux, et développait de plus en plus sa prospérité intérieure ; les tonnes de harengs se changeaient en tonnes d'or, et la banque multipliait cet or, fécondé encore par une vente immense de fromages. Amsterdam était alors, sans comparaison, la ville la plus florissante de l'Europe. Ces Néerlandais, hommes simples, ne désirant qu'un gouvernement économe, hardis marins et véritables amphibies, rêvant sans cesse de créations de comptoirs et de magasins, couraient sans relâche de la Chine à Java, de Java au Brésil, puis revenaient s'installer dans leur intérieur pour y jouir, corps et âme, d'un repos flegmatique et doux après ce labeur. Un historien[2] a fait, du reste, en peu de

[1] C'était une loi que Cromwell, en 1651, avait fait voter par le parlement anglais, et qui réservait le monopole du commerce de la Grande-Bretagne à la marine anglaise. L'acte de navigation n'a été aboli qu'en 1849.

[2] Michelet, *Histoire de France*, t. XIII.

mots, une pittoresque peinture de la vie et de la maison hollandaises : « Quelle maison ? Très-pauvre souvent, toujours très-bonne : une chaumière avec sa cigogne et ses nids d'hirondelles, la simple barque, la grosse barque ventrue de Hollande dont rient les sots. Elle n'en va pas moins, cette barque au complet (mari, femme, enfants, chiens, chats, oiseaux), elle va, lente et paisible, par les mers les plus dangereuses : petit monde harmonique, si content de lui-même, qu'il se soucie peu d'arriver. »

Ajoutons que les courses lointaines des navigateurs hollandais profitaient au monde en même temps qu'à eux-mêmes, grâce à leurs découvertes : le Maire avait reconnu le détroit qui porte son nom, et trouvé, en doublant le cap Horn, une route plus sûre que le détroit de Magellan pour passer de l'Atlantique dans le Pacifique. C'étaient des Hollandais encore, Hertoge et Tasman, qui avaient découvert la Nouvelle-Zélande, la terre de Van-Diemen, la Nouvelle-Hollande, les îles Viti et des Amis.

Telle était cette république qui allait devenir le pivot de toutes les résistances au grand roi.

III

Le début du règne personnel de Louis XIV avait été une menace jetée aux puissances étrangères : en 1662, il humilie l'Espagne, obligée d'accorder, à la suite d'un conflit de préséance à Londres, que les ambassadeurs du roi catholique céderont le pas en toute occasion à ceux du roi très-chrétien. L'année suivante, Louis XIV ferme la trouée que le royaume gardait au flanc droit, en préparant, par un traité, la réunion des duchés de Lorraine et de Bar; par un autre traité, signé le 27 octobre 1662 avec le Stuart Charles II, il avait retiré des mains des Anglais Dunkerque, cet autre Calais, dont il est d'ailleurs si rapproché. Le pape lui-même eut à subir les impérieuses prétentions du grand roi : à la suite d'une rixe entre la garde corse du saint-père et les gens du duc de Créqui, ambassadeur extraordinaire de Louis XIV, rixe où les torts primitifs semblent avoir été du côté des Français, Alexandre VII, abandonné par l'Autriche et l'Espagne, qui craignaient de se compromettre, se vit contraint à des excuses et réparations.

En 1665, nouveaux coups de force, mais cette fois contre les pirates barbaresques : deux flottilles algériennes, écrasées en moins d'un an, attestent au monde que la chrétienté a désormais un défenseur vigilant. La bataille de Saint-Gothard, gagnée en 1664 par la jeune noblesse française, refoule les Ottomans, sauve l'empereur d'Allemagne, Léopold, et rend son indépendance à la Transylvanie. En 1666, le roi, qui eût voulu empêcher la ruine complète de la Pologne, entamée chaque jour par l'ambition moscovite, pense à y envoyer un corps d'armée : on pressentait déjà, à cette époque, de quelle importance il était pour l'Europe de conjurer la chute de cette république, le seul boulevard de l'Occident contre la barbarie asiatique. Colbert, qui avait en toutes choses le sens des veritables intérêts français, exhortait vivement le roi à s'engager dans cette voie. « Il faut, lui disait-il, épargner cinq sous aux choses non nécessaires, et jeter les millions quand il est question de votre gloire. Je déclare à Votre Majesté, en mon particulier, qu'un repas inutile de 3,000 livres me fait une peine effroyable, et lorsqu'il est question de millions d'or pour la Pologne, je vendrais tout mon bien, j'engagerais ma femme et mes enfants, et j'irais à pied toute ma vie, pour y fournir, s'il était nécessaire. » Malheureusement les événements qui se pressent en Occident empêchent Louis XIV et son ministre de donner suite à ce grand dessein.

Le but immédiat du roi, c'est de compléter le territoire de la France, aux dépens de la monarchie espagnole, par l'acquisition de la Belgique et de la Franche-Comté. D'où pouvaient venir les obstacles à l'accomplissement de cette entreprise? Le principal, c'est que la Hollande n'y pouvait aisément consentir; mais entre les menaces de la France et celles de l'Angleterre, elle était bien embarrassée : Jean de Witt, le *grand pension-*

naire [1], qui gouvernait les Provinces-Unies depuis 1653, s'efforçait de dissiper les ombrages sans cesse renaissants entre les états généraux et la France. Puis, pour empêcher la réunion des Pays-Bas catholiques à ce royaume, de Witt, reprenant une idée de Richelieu, proposait à Louis XIV d'ériger la Belgique en république, et de détacher de cette province quelques places qui seraient adjointes, les unes à la Hollande, les autres à la France. Colbert appuya, paraît-il, ce projet auprès du roi; mais on ne put convenir ni du moment ni du mode d'exécution.

Sur ces entrefaites, des hostilités ayant éclaté entre les Anglais et les Hollandais, ceux-ci se voient forcés de se rapprocher de Louis XIV, et se réclament auprès de lui d'un traité conclu en 1662, aux termes duquel la France s'était obligée à les secourir en cas de guerre contre l'Angleterre. Louis XIV, qui tenait fort à l'alliance de Charles II, ne put néanmoins se dispenser de répondre affirmativement; puis il louvoya, gagna du temps, et, peu soucieux d'engager dans cette lutte notre marine renaissante, il laissa, en somme, les deux puissances se heurter, et user leurs forces dans les

---

[1] Après l'abolition du *stathoudérat*, le député de la province de la Hollande (de beaucoup la plus importante de toutes) aux états généraux était devenu le premier personnage du pays. Élu pour cinq ans, sous le titre de *grand pensionnaire*, mais indéfiniment rééligible, c'était lui qui proposait à l'assemblée des états la matière de leurs délibérations et rédigeait leurs résolutions.

batailles navales les plus acharnées que le monde eût vues jusqu'alors.

Pendant ce temps, toujours à l'affût de la Belgique et de la Franche-Comté, le roi, par d'habiles négociations, s'assurait de la neutralité ou de l'alliance des princes et des États qui eussent pu contrarier ses plans; enfin, le 8 mai, il se déclare, et la *guerre des droits de la Reine* éclate comme un coup de foudre. Du chef de sa femme, Marie-Thérèse, le roi de France établissait ses prétentions, en cas d'extinction des mâles, à la succession totale de la monarchie espagnole, et réclamait tout d'abord les provinces suivantes : le Brabant, Anvers, Malines, le Limbourg, la haute Gueldre, Namur, Aire et Saint-Omer, le Cambrésis, le Hainaut, le tiers de la Franche-Comté et le quart du Luxembourg.

Nous n'avons pas à raconter cette guerre, que, dans l'intérêt du commerce et des manufactures, Colbert essaya de retarder le plus possible, et qui aboutit, on le sait, à *la triple alliance*[1], premier acte de défiance de l'Europe contre la France, et au traité d'Aix-la-Chapelle (1668), par lequel le roi gardait la Flandre et renonçait à la Franche-Comté[2].

[1] Entre l'Angleterre, la Hollande et la Suède.
[2] L'Espagne nous cédait Charleroi, Ath, Binch, Douai, Tournay, Oudenarde, Lille, Armentières, Courtrai, Bergues et Furnes. Dès lors, la France, établie au cœur de la Belgique, serrait comme dans un étau les places de Cam-

En attaquant l'Espagne de ce côté, Louis XIV restait fidèle à la politique française des Henri IV, des Richelieu et des Mazarin. Cette conquête, du reste, avait été un facile tournoi, une guerre de parade, à laquelle les dames assistèrent; vers la fin du règne, les campagnes devaient être plus rudes, même avant nos revers. En attendant, sur les talons de l'armée ou de front avec elle, marchaient les grands carrosses de la cour, parfaitement aménagés pour la commodité, le luxe même et le plaisir; on eût dit des chambres de Versailles montées sur roues. Tout le long de la route, on riait, on mangeait, on jouait même la comédie. Il semblerait qu'une armée embarrassée d'un tel appareil ne dût pas être fort redoutable; c'était cependant la première de l'Europe, et elle ne tarda pas à le prouver : la Flandre, triplement envahie par Turenne, d'Aumont et Créqui, fut prise en deux mois, la Franche-Comté en dix-sept jours par Condé; si bien que la cour d'Espagne, indignée, écrivit au gouverneur de la Franche-Comté, « que le roi de France aurait dû envoyer ses laquais prendre possession de la province, au lieu d'y venir lui-même. »

---

brai, Valenciennes, Mons, Saint-Omer, Aire et Ypres; elle tenait en outre la route de Bruges, Gand et Bruxelles. L'Espagne semblait hors d'état désormais de défendre les débris de la Belgique.

IV

L'Espagne vaincue, restait la Hollande : entre celle-ci et la France, les jalousies et les revendications étaient continuelles depuis vingt ans. Colbert, pour sa part, ne pouvait se résigner à la prospérité des Hollandais, qui avaient accaparé jusqu'au cabotage de nos côtes et jusqu'aux transports entre nous et nos colonies ; 4,000 de leurs navires venaient annuellement chercher nos vins, nos eaux-de-vie, et, de là, les portaient dans tout le Nord, nous donnant en échange les draps, les toiles que les Pays-Bas fabriquaient. Grâce à ses possessions des Indes orientales, la Hollande était maîtresse exclusive du trafic des épiceries. A l'avénement de Colbert, sur les 25,000 navires au moyen desquels se faisait, à cette époque, le commerce de l'Europe, les Provinces-Unies en possédaient 15 à 16,000, tandis que la France n'en avait pas 2,500. Pourquoi ce dernier pays, avec son excellent climat et son vaste développement de côtes, n'arriverait-il pas à un pareil degré de prospérité ? Pourquoi ne ferait-il pas comme l'Angleterre ? Celle-ci avait assuré à sa marine le monopole du commerce britannique par une mesure bien simple, au moyen du fameux *acte de navigation;* cet acte faisait défense à tous bâtiments dont les propriétaires et les trois quarts de l'équipage ne seraient pas sujets de la Grande-

Bretagne de commercer dans les établissements et colonies de cette nation, ou de faire le cabotage sur ses côtes, sous peine de confiscation du bâtiment et de la cargaison. De plus, le poisson salé, l'huile et la graisse de baleine, quand la pêche et la préparation n'étaient pas le fait de navires anglais, devaient payer à l'importation un double droit de douane.

Les règlements français étaient loin d'être aussi rigoureux. En 1659, Foucquet, alarmé des envahissements de la marine hollandaise, avait établi un droit de 50 sous par tonneau à payer par tout navire étranger qui voudrait faire le commerce international et le cabotage dans les ports français. En 1663, les Hollandais avaient réclamé de Louis XIV la suppression de ce droit ; après quatre ans de négociations, Colbert n'avait consenti qu'à le réduire de moitié, concession dont les Provinces-Unies s'étaient montrées peu satisfaites. En 1667, le ministre, voulant se débarrasser des objets manufacturés de la Hollande et de l'Angleterre, comme de leur courtage maritime, avait frappé d'un nouveau tarif l'importation d'un certain nombre de produits : de là de nouvelles plaintes des Provinces-Unies, qui répondirent, ainsi que les Anglais, en prohibant nos vins, eaux-de-vie et vinaigres ; de plus, la Hollande mit de gros droits sur notre sel et sur nos soieries. Colbert riposta en augmentant la taxe d'entrée sur les harengs et sur les épiceries provenant de Hollande; dès lors, on put voir s'amonceler à l'horizon l'orage qui devait bientôt éclater.

A la question commerciale se mêlaient d'ailleurs d'autres causes d'aigreur et de rancune : ces républicains d'Amsterdam et de Rotterdam, hommes d'affaires et positifs avant tout, étaient peu sensibles à la splendeur fastueuse de la royauté française, et ils riaient volontiers du solennel Louis XIV et de son naïf orgueil. Leur audace ne doutait de rien. Dans la guerre des Droits de la Reine, n'était-ce pas ce petit peuple qui avait protégé l'Espagne, ce prodigieux vaisseau démâté, « dont la proue était encore dans la mer des Indes et la poupe dans l'océan Atlantique? » N'était-ce pas ce petit peuple qui, le premier, avait jeté contre Louis XIV le cri d'alarme à l'Europe? N'était-ce pas un bourgeois, un simple échevin d'Amsterdam, qui était venu fièrement signifier au potentat de Versailles d'avoir à s'arrêter dans sa victoire? Louis XIV ne pouvait plus faire un pas sans rencontrer ces pêcheurs de harengs en travers de sa route. L'ambassadeur extraordinaire de Hollande à Paris, Van Beuningen, ne laissait échapper aucune occasion de relever le ton ou hautain ou dédaigneux des ministres français; il leur tenait tête, et deux d'entre eux, Louvois et le Tellier, décidèrent le roi, qui n'y était que trop disposé d'ailleurs, à châtier une bonne fois cette insolence roturière. Colbert, lui, n'avait en vue que la guerre commerciale, la lutte de droits et de tarifs, les représailles douanières ; quant à Louis XIV, après la Hollande abattue, il voyait déjà la Belgique entièrement et définitivement francisée, en attendant mieux.

Malheureusement l'ascendant de Colbert dans les conseils du roi commençait à baisser au profit de Louvois ; il n'était plus consulté ou écouté comme auparavant. Tout en blâmant cette guerre impolitique, le ministre qui avait réorganisé les finances et le commerce de son pays, se vit contraint de compromettre cette prospérité renaissante pour servir docilement les idées d'un prince qui, à ce moment, ne songeait à rien moins qu'à revendiquer du même coup et le trône d'Espagne et la couronne impériale d'Allemagne. C'en était fait : les traditions des Richelieu et des Henri IV étaient reniées, comme vieilleries mesquines ; le rêve de leur successeur était bien autre : il s'agissait de la monarchie universelle, la chimère fatale de Charles-Quint et plus tard de Napoléon. Ce ne furent pourtant pas les avertissements qui manquèrent au grand roi : outre les représentations de Colbert, une voix célèbre se fit entendre en Europe pour conseiller une politique plus haute, plus féconde et plus digne de la chrétienté ; cette voix, c'était celle de Guillaume Leibniz, le grand philosophe allemand. Au commencement de 1672, Leibniz vient en France, et présente à Louis XIV un mémoire où il lui propose la conquête de l'Égypte, « de toutes les contrées, la mieux située pour acquérir l'empire des mers, lien de l'Asie et de l'Afrique, grenier de l'Orient, entrepôt des trésors de l'Europe et de l'Inde. » C'est là, dit-il au roi, qu'il faut aller frapper vos ennemis; laissez en paix l'Occident; ne ruinez pas vos colonies, et ne préparez pas une rechute au commerce à peine convalescent de votre royaume. Portez la guerre au loin : « l'extrême faiblesse des Orientaux n'est plus un secret. Qui aura l'Égypte aura toutes les côtes et toutes les îles de la mer des Indes; c'est en Égypte qu'on vaincra la Hollande; c'est là qu'on lui enlèvera ce qui seul la rend florissante : les trésors de l'Orient. Elle sera frappée sans pouvoir prévenir le coup. » Si elle voulait s'opposer aux desseins de la France sur l'Égypte, elle serait accablée sous la haine générale des chrétiens; attaquée chez elle, au contraire, non-seulement elle saura parer l'agression, mais elle pourra s'en venger, soutenue par l'opinion universelle, qui prête à la France les visées les plus ambitieuses. Il n'y a donc pas à hésiter : si le roi veut devenir l'arbitre du monde et conquérir l'admiration universelle, il faut feindre de menacer la Morée ou Constantinople, et tomber comme la foudre sur l'Égypte.

C'est ainsi que, plus tard, Bonaparte, reprenant l'idée de Leibniz, essaiera d'atteindre et d'écraser l'Angleterre sur les bords du Nil : faute d'une marine, il échouera dans son entreprise.

Quant à Louis XIV, on le pense bien, il n'écouta

guère le conseil de Leibniz, un rêveur ; le ressentiment et l'orgueil le rendaient impatient d'une attaque immédiate et d'une prompte vengeance.

Cette agression contre la Hollande était une faute grave, et si la colère l'explique, elle ne l'excuse pas : au lieu de viser aux Pays-Bas wallons [1], français de langue et de religion, par conséquent plus assimilables, le roi se prenait à une république dont les intérêts, l'esprit politique, le culte, lui étaient hostiles. Il ne pouvait dans cette guerre compter sur l'appui de l'Espagne, qui sentait bien qu'après la conquête des Provinces-Unies, les Pays-Bas espagnols, isolés dans un cercle français, tomberaient infailliblement aux mains de la France; cependant il parvint à obtenir la neutralité du roi très-catholique. Mais, contre la Hollande réformée, il fallait des alliances protestantes. Louis XIV obtint celle de l'Angleterre, par son procédé ordinaire, c'est-à-dire moyennant argent donné au roi Charles II [2]. La Suède, cette vieille amie de la France, accueillit également ses propositions, et promit d'envahir le Brandebourg allemand, dans le cas où le grand-électeur prendrait les armes. A toutes ces alliances la France joignit celle de l'électeur palatin, de l'évêque de Munster, de l'évêque et prince de Strasbourg, du duc de Brunswick, et même la neutralité de l'empereur d'Allemagne. Après ces préliminaires diplomatiques, le

[1] La Belgique actuelle.
[2] Traité de Douvres, négocié par Madame.

roi se mit en campagne avec une armée bien organisée et bien commandée; car elle comptait parmi ses chefs Turenne, qui avait fait le plan de campagne, Condé, Luxembourg, Créqui et Vauban.

V

La première difficulté de la campagne, c'était de respecter la neutralité de l'Espagne, c'est-à-dire d'envahir les Provinces-Unies sans passer par les Pays-Bas : heureusement l'alliance avec les trois électeurs de Trêves, Cologne, Mayence, et avec l'archevêque de Liége, permit de tourner les provinces wallonnes en traversant les terres allemandes. Condé avait le commandement de l'avant-garde; Turenne était à la tête du gros de l'armée; le premier se jeta sur la rive droite du Rhin, tandis que le reste des troupes suivait la rive gauche.

La Hollande n'était point préparée à la résistance; sa force militaire se montait en tout à 25,000 hommes; mais elle avait pour elle un jeune homme de courage, qui allait se montrer homme de génie, Guillaume d'Orange. Déjà les Français ont passé le Rhin, et la terreur plutôt que la force leur a livré les villes; enorgueilli de succès si rapides, Louis XIV repousse avec hauteur les propositions de Jean de Witt [1], malgré les

---

[1] De Witt offrait de céder Maëstricht, et tout ce que les Hollandais possédaient en dehors des sept provinces, sauf leurs colonies, bien entendu. Louis XIV, poussé par Lou-

conseils de Turenne, qui prêchait la guerre contre l'Espagne, et bientôt il est maître des provinces de Gueldre, d'Utrecht et d'Over-Yssel. Alors des troubles terribles éclatent en Hollande : Jean de Witt, accusé d'avoir désarmé la république, est massacré avec son frère; l'amiral Ruyter pense avoir le même sort, et Guillaume d'Orange est élu généralissime des troupes. Mais ce furent les vainqueurs eux-mêmes qui se chargèrent par leurs fautes de sauver les Provinces-Unies : au lieu d'envoyer des postes aux écluses, comme le voulait le duc de Gramont, et de démanteler toutes les places, le roi écoute les avis de Louvois, qui fait mettre partout des garnisons, et par là affaiblit l'armée en la dispersant. On croyait ainsi tenir et réduire la Hollande; mais le destin de cette république maritime ne s'abritait point derrière des murailles : le duc de Nassau fit lâcher les écluses, et l'inondation, l'éternelle terreur du pays, assura cette fois son salut. Les Français virent avec surprise et non sans effroi les vaisseaux ennemis venir se ranger autour d'Amsterdam, force était de

vois, demande la cession du Brabant septentrional et de tous les pays en deçà de la Meuse et du Wahal, le rétablissement du catholicisme, une ambassade annuelle de remerciment qui témoigne que la république doit son existence à la France, et qui apporte au roi une médaille en gage de vassalité. De son côté, Charles II voulait que la constitution de la Hollande devînt monarchique, et que la Zélande fût donnée à l'Angleterre. Les Hollandais, un moment désespérés, délibérèrent s'ils ne devaient pas se jeter en masse à la mer et émigrer dans les Indes.

reculer, d'évacuer les places conquises, et de se retirer vers le Rhin. Sur mer, Ruyter tenait tête, dans trois rencontres, à la flotte anglo-française, commandée par le duc d'York [1] (combat indécis de Solway), et le roi d'Angleterre fut bientôt contraint par son parlement et par l'opinion publique à garder la neutralité. Libre de ce côté, Guillaume d'Orange cherche des alliés à la république, et dénonce à l'Europe entière l'ambition du grand roi. En Allemagne, Frédéric-Guillaume s'était annoncé depuis longtemps comme le protecteur des patriotes allemands [2] : le premier, il part des bords du Weser pour passer le Rhin, et couper le retour à l'armée française; mais Turenne le force bientôt à poser les armes. La Hollande entraîne aussi dans son parti l'Espagne, l'Empereur, et les petits princes allemands des rives du Rhin; la Suède seule reste quelque temps encore à Louis XIV. Alors la guerre change de caractère, et, de conquérante, elle devient défensive.

Turenne sauve l'armée par ces fameuses campagnes tant admirées de Napoléon : il détache le prince de Condé pour défendre les frontières du Rhin, c'est-à-dire l'Alsace et la Lorraine, menacées par Montecuculli et les Impériaux, et lui-même se charge de couvrir le Bas-Rhin contre l'électeur de Brandebourg. La première campagne (1672) fut heureuse : Luxembourg, resté en Hol-

[1] Plus tard Jacques II.
[2] On voit que cette prétention de la Prusse date de loin.

lande, faillit, un jour de forte gelée, emporter Amsterdam, qui était perdue sans un dégel subit ; Turenne passa le Rhin, poursuivit Frédéric-Guillaume jusqu'aux bords du Weser, et lui imposa une neutralité qu'il ne devait pas, il est vrai, garder longtemps.

Dans la campagne suivante (1673-1674), la plus intéressante et la plus glorieuse, Condé livre à Guillaume d'Orange l'indécise bataille de Senef. Le point le plus difficile était pour Turenne de garantir l'Alsace et la Lorraine ; car, une fois les vallées de l'Aisne et de la Marne au pouvoir des ennemis, Paris se fût trouvé menacé. Il fallait, pour sauver ces provinces, empêcher la jonction de Montecuculli et de l'électeur de Brandebourg : à cet effet, Turenne s'empara de la ligne du Mein, qui traverse l'Allemagne dans toute sa largeur. Würzbourg lui manquait ; mais il comptait sur la parole de l'évêque de cette ville, qui s'était engagé à demeurer neutre. Il n'en fut rien : un matin, l'armée française apprit que le passage avait été vendu, et que les Impériaux étaient réunis aux soldats du Brandebourg. A cette nouvelle, Turenne abandonne le Mein, traverse le Rhin, et se poste sur la Lauter ; mais Strasbourg [1], qui avait aussi promis la neutralité, suit l'exemple de Würzbourg, et les coalisés, franchissant le fleuve, entrent en Alsace. Malgré une lettre de Louis XIV,

[1] Strasbourg était encore une *ville libre,* s'administrant elle-même sous la suzeraineté de l'empereur d'Allemagne.

qui lui ordonne de reculer pour couvrir la Franche-Comté et la Champagne, Turenne, sûr de ses soldats et ayant d'avance tracé son plan de campagne jour par jour, s'obstine à rester en Alsace avec sa petite armée de 20,000 hommes, et refuse même des secours. C'est alors qu'on vit que le génie de ce général « croissait d'audace en vieillissant ». A l'endroit où le Rhin entre en Alsace, il s'engage entre deux belles chaînes parallèles, les Vosges et les monts de la Forêt-Noire, distantes l'une et l'autre de quatre à cinq lieues du fleuve. Les Impériaux s'étaient établis entre l'Ill et le Rhin, depuis Strasbourg jusqu'à Bâle, en trois stations différentes. Pendant l'hiver, Turenne [1], qui s'était posté près de Saverne, feint de garder sa position; puis à travers les triples chaînons des Vosges, trompant la vigilance de Montecuculli, ses soldats traversent les montagnes durant un mois, et, en février, se trouvent réunis sur le plateau de Langres, non loin de la source de l'Ill. L'armée impériale, attaquée à l'improviste, est culbutée dans plusieurs combats, entre autres à Turckheim, près de Colmar, le jour même de la fête des Rois, que le grand-électeur se préparait à célébrer dans cette ville. L'ennemi se retira en désordre sur Schelestadt, et ne s'arrêta qu'après avoir repassé le pont du Rhin à Strasbourg. De 60,000 Alle-

---

[1] Il venait de battre récemment le duc de Lorraine à Sintzheim.

mands qui étaient entrés en Alsace, peu de semaines auparavant, il n'y en eut guère plus de 20,000 qui parvinrent à se réunir dans le Palatinat : Turenne franchit le fleuve derrière eux (ravage affreux du Palatinat), afin de poursuivre Montecuculli. Pendant six semaines, sur un espace de trois à quatre lieues carrées, ces deux illustres adversaires cherchent tour à tour à se surprendre par des marches et des contre-marches aussi savantes que multipliées, et à se couper réciproquement leurs convois. Enfin Turenne, maître de différentes gorges du Schwarzberg tournées vers la France, allait attaquer les Impériaux acculés au Rhin près de Salzbach, à deux lieues de Bade, quand il fut atteint par un boulet tiré au hasard, et l'armée, déconcertée par la perte d'un tel chef, repassa le Rhin en désordre, poursuivie par Montecuculli. D'un autre côté, le maréchal de Créqui se fit battre par le duc de Lorraine, Charles IV, près de Consarbrück, au confluent de la Sarre et de la Moselle, et fut fait prisonnier bientôt après dans la ville de Trèves.

C'est alors qu'on envoie Condé *converser*, comme il le disait, *avec l'ombre de Turenne* sur le Rhin : de ce côté, où le prince tient plutôt la défensive, pas de batailles, mais de brillants épisodes; sur un autre point, le grand-électeur, forcé de courir à la défense du Brandebourg, que les Suédois ont envahi à l'instigation de la France, remporte sur eux la glorieuse victoire de Fehrbelin, le Rocroi des soldats prussiens, et le Danemark se joint au Brandebourg contre la Suède.

Tandis que la guerre de siéges se continue aux Pays-Bas, sous la conduite de Vauban, et que Condé couvre le Rhin, la révolte de Messine contre l'Espagne ouvre à la France une nouvelle arène, où elle soutient glorieusement l'honneur de ses armes. D'habiles et courageux marins, Vivonne et Duquesne, battent la flotte hispano-hollandaise à Stromboli, à Agosta, où périt Ruyter, et à Palerme, où débute Tourville. Ce furent là des batailles navales comme le monde n'en a pas revu ; mais nous ne tardons pas à perdre la Sicile, et Louis XIV rappelle sa flotte (1676).

Dans les campagnes de 1676, 1677, 1678, la guerre se poursuit à la fois sur nos diverses frontières. Luxembourg, sous les yeux du roi, prend Condé, Valenciennes, Gand, Ypres, et, en Alsace, le maréchal de Créqui répare sa défaite de Consarbrück par une suite de succès sur l'armée du nouveau duc de Lorraine, Charles V, à Cochersberg, à Fribourg et à Rheinfeld. Le prince d'Orange, en Flandre, n'est pas plus heureux que le duc de Lorraine en Allemagne. Forcé de lever le siége de Maëstricht, il perd contre Monsieur, frère du roi, la bataille de Montcassel (1677), en voulant secourir Saint-Omer. Dans le même temps, les maréchaux de Schomberg et de Navailles avaient l'avantage du côté des Pyrénées.

VI

Ces succès décident plus aisément la paix, qui est signée à Nimègue. Les plus empressés à la conclure, c'étaient les Hollandais : ils s'alarmaient, pour leur liberté, du mariage de Guillaume d'Orange avec la fille du duc d'York, le futur Jacques II; ce traité leur valait d'ailleurs la restitution de Maëstricht, seul reste de nos conquêtes sur la république. Ce fut l'Espagne qui paya les frais d'une guerre entreprise contre la Hollande : elle recouvra, il est vrai, Charleroi, Ath, Binch, Oudenarde et Courtrai, qu'elle avait cédés par la paix d'Aix-la-Chapelle, ainsi que les villes de Limbourg et de Gand, conquises par les Français durant la guerre; mais elle dut abandonner à Louis XIV toute la Franche-Comté, plusieurs places des Pays-Bas espagnols, entre autres Valenciennes, Cambrai, Maubeuge, Condé, Ypres, enfin Aire et Saint-Omer, les deux seules places que la paix des Pyrénées lui eût laissées dans l'Artois. Ainsi, l'Artois et la Franche-Comté, promises à la France depuis la mort de Charles le Téméraire, tombaient enfin entre nos mains, et, du côté du Rhin, nous nous acheminions peu à peu vers la rive de ce grand fleuve qui forme notre limite naturelle.

Avec l'Empereur et l'Empire, la paix ne fut signée que l'année suivante, 1679 : Louis XIV échangeait Philisbourg contre Fribourg, et s'ouvrait ainsi un accès sur l'Allemagne; de plus, par le traité de Saint-Germain-en-Laye, l'électeur de Brandebourg dut rendre aux Suédois ce qui avait été tour à tour pris et repris en Poméranie; le roi de Danemark, aux termes du traité de Fontainebleau, dut restituer également Wismar, l'île de Rügen, et toutes ses autres conquêtes sur la Suède.

En somme, la France, malgré quelques revers partiels, retirait de cette lutte non moins de profit que de gloire : elle trouvait moyen de faire tourner à l'avantage de sa vieille politique une guerre condamnable dans son principe; mais la Hollande, répétons-le, ne perdait rien, et quant à elle, le but de Louis XIV n'était pas atteint : la France, à Nimègue, abandonnait le tarif de 1667, une des principales causes du conflit; bien plus, l'article 7 du traité stipulait qu'à l'avenir « la liberté réciproque du commerce entre la France et les Provinces-Unies ne pourrait être défendue, limitée ou restreinte par aucun privilége, octroi, ou aucune concession particulière, et sans qu'il fût permis à l'une et à l'autre de concéder ou de faire à leurs sujets des immunités, bénéfices, dons gratuits ou autres avantages [1]. »

Ainsi, le véritable vaincu de la guerre de 1672, c'était Colbert.

---

[1] Toutefois le droit de cinquante sous par tonneau, particulièrement désagréable à la Hollande, ne fut pas aboli; il ne le sera qu'en 1697, à la paix de Ryswick, quatorze ans après la mort de Colbert.

CHAPITRE VIII

COLBERT ET LES RÉSULTATS ÉCONOMIQUES
DE LA GUERRE

Faveur croissante de Louvois. — Les dépenses de la guerre; *affaires extraordinaires*. — Hésitations et anxiétés de Colbert. — Son œuvre détruite. — Ses efforts pour rétablir les finances et soulager le peuple. — Révoltes dans les provinces. — Travail ardu de réparation. — Louis XIV et les conquêtes en pleine paix.

I

La paix de 1678 marque l'apogée du règne de Louis XIV : c'est le moment où le canal de Languedoc est creusé, où la Feuillade s'agenouille devant la statue du grand roi [1], où ce monarque écrit, dans ses *Instructions* au Dauphin : « Les rois sont les lieutenants de Dieu sur la terre... Pour commander aux autres, il faut s'élever au-dessus d'eux; » et le prince, prenant ces maximes à la lettre, veut plus que jamais « s'élever au-dessus des autres » par le prestige sanglant de nouvelles conquêtes.

[1] Érigée place des Victoires.

Depuis six à sept ans déjà, le génie de la paix, Colbert, est vaincu définitivement: le roi témoigne toujours un apparent intérêt à son ministre des premiers jours; il le prie, dans mainte lettre affectueuse, de prendre soin de sa santé, afin de pouvoir continuer à le servir; mais on sent désormais qu'à la cour un astre nouveau éclipse l'ancien : il faudra peu de chose pour amener entre le maître et le serviteur un refroidissement, puis des récriminations et des aigreurs. Colbert, du reste, ne prenait pas la peine de dissimuler sa jalousie contre Louvois, et le bruit ne tarda pas à en venir aux oreilles du roi, qui, dès le mois d'avril 1671, lui écrivait les lettres suivantes :

« Je fus assez maître de moi avant-hier pour vous cacher la peine que j'avais d'entendre un homme que j'ai comblé de bienfaits, comme vous, me parler de la manière que vous faisiez. J'ai eu beaucoup d'amitié pour vous : il y paraît par ce que j'ai fait; j'en ai encore présentement, et je crois vous en donner une assez grande marque en vous disant que je me suis contraint un seul moment pour vous [1], et que je n'ai pas voulu vous dire moi-même ce que je vous écris, pour ne pas vous commettre à me déplaire davantage. C'est la mémoire des services que vous m'avez rendus et

[1] Allusion évidente à quelque querelle au conseil entre Louvois et Colbert, et dans laquelle ce dernier l'avait pris probablement de trop haut, en présence du roi.

mon amitié qui me donnent ce sentiment. *Profitez-en et ne hasardez plus de me fâcher encore ;* car, après que j'aurai entendu vos raisons et celles de vos confrères, et que j'aurai prononcé sur toutes vos prétentions, *je ne veux plus jamais en entendre parler.* Voyez si la marine ne vous convient pas, si vous ne l'avez à votre mode, si vous aimeriez mieux autre chose ; parlez librement ; mais, après la décision que je donnerai, *je ne veux pas une seule réplique.* Je vous dis ce que je pense, pour que vous travailliez sur un fondement assuré, et pour que vous ne preniez pas de fausses mesures. »

Le sens de la seconde lettre est le même :

« Ne croyez pas que mon amitié diminue : vos services continuant, cela ne se peut ; *mais il me les faut rendre comme je le désire, et croire que je fais tout pour le mieux. La préférence que vous craignez que je donne aux autres* ne vous doit faire aucune peine. Je veux seulement ne pas faire d'injustice et travailler au bien de mon service ; c'est ce que je ferai quand vous serez tous auprès de moi. Croyez, en attendant, que je ne suis point changé pour vous, et que je suis dans les sentiments que vous pouvez désirer [1]. »

[1] *Documents inédits sur l'histoire de France*, par M. Champollion-Figeac. Nous avons rétabli dans les deux lettres l'orthographe des mots assez maltraitée par Louis XIV, qui avait, on le sait, une instruction plus que sommaire.

II

Le ton de maître absolu qui règne dans ces lettres est frappant; elles trahissent même une impatience mal dissimulée qui fait pressentir la disgrâce future. Mais, en attendant que Colbert devînt définitivement victime des caprices du monarque, la longue œuvre de son laborieux ministère dépérissait de jour en jour. Tout son système financier avait été, en quelque sorte, jeté à terre par le premier coup de canon tiré contre la Hollande. Pour commencer la guerre, le roi avait demandé un fonds de 45 millions qu'il fallut trouver. Colbert recourut d'abord aux procédés les plus conformes à ses principes d'économie et de bonne administration : il diminua le nombre des trésoriers de France et celui des officiers des greniers à sel[1]; en même temps les *postes* furent retirées à Louvois, qui en était le surintendant, et affermées, ainsi que les voitures publiques, à raison de 900,000 livres par an; on rechercha soigneusement les terres nobles possédées par des roturiers, et ce recouvrement du droit de *franc-fief* produisit environ cinq millions.

Mais Colbert était encore loin de compte, et,

---

[1] Les gages des officiers supprimés furent reportés sur les officiers maintenus, qui payerent 3,680,000 livres, pour le remboursement des charges de leurs confrères, et 1,360,000 livres pour les gages dont ils bénéficiaient.

forcé de nourrir la guerre, il dut se résigner à des expédients tout à fait contraires à son système. Lui qui avait dégagé le domaine royal, il se vit réduit à en aliéner de nouveau une partie; lui qui avait voulu supprimer la vénalité des offices, il fit rendre l'hérédité à plusieurs charges publiques : il en résulta quelques millions encore. Lui enfin, qui avait institué contre les traitants cette terrible *chambre de justice* de 1661, il fut contraint de revenir à eux, de subir la loi de cette gent avide dont il avait essayé de purger le royaume à jamais. Celle-ci se souvenait des rigueurs passées; elle profita du besoin qu'on avait d'elle pour se montrer dure, exigeante; enfin, ces financiers, tant malmenés, prirent revanche, et plantèrent insolemment leurs fourches caudines, sous lesquelles Colbert dut passer.

Quant à la ressource d'accroître les tailles, c'est-à-dire de surcharger ces classes rurales, pour le soulagement desquelles il avait tant fait, à aucun prix Colbert n'y eût consenti; il préféra doubler la taxe de consommation sur les eaux-de-vie, et soumettre au droit sur les vins en gros les villes et bourgs qui en étaient exempts. Il prit toutefois quelques mesures malencontreuses, qui provoquèrent bien des malédictions : il y avait dans Paris, principalement à la halle aux draps et aux toiles, des boutiques, échoppes et places pour la vente, qui étaient louées à bas prix au profit du trésor, ou concédées gratuitement par tolérance;

Colbert les fit mettre à bail, et, pour la première fois, les petits étalagistes furent forcés de payer chèrement le droit au pavé. En outre, il renouvela le vieil édit du *toisé*, qui avait jadis occasionné tant de troubles, et il frappa d'une taxe les maisons bâties en dehors de l'ancienne enceinte de la ville. Ces mesures portaient atteinte à une foule d'intérêts, l'esprit du peuple s'aigrissait, et, dès ce jour, l'impopularité de Colbert alla sans cesse croissant.

Une fois engagés dans cette voie des *affaires extraordinaires*, ni le roi ni son ministre n'étaient maîtres de s'arrêter, la guerre exigeant des ressources et les dévorant, pour en exiger aussitôt de nouvelles. Que fait-on? On revient aux exemptions de tailles moyennant finance; on met des taxes sur les étrangers naturalisés; on constitue de nouveaux offices : mesureurs de grains, vendeurs de marée, vendeurs de veaux, de cochons de lait, de volailles, maîtres-gardes et gourmets de bière, essayeurs de beurre salé, conseillers-contrôleurs du roi aux empilements de bois, etc., toutes charges fort courues, ce qui faisait dire au chancelier de Pontchartrain qu'aussitôt que le roi créait une charge inutile, Dieu créait en même temps un sot pour l'acheter. Tous ces offices, on le comprend, étaient d'ailleurs autant d'entraves apportées au développement de l'agriculture et de l'industrie[1].

[1] Édit de 1673.

Enfin, les nécessités devenant chaque jour plus impérieuses, la question des *emprunts* fut agitée au conseil : Louvois et le premier président Lamoignon opinaient pour qu'on se lançât sur cette pente ; Colbert résistait avec fermeté, disant que le public resterait sourd à l'appel de l'État ; mais Louis XIV donna gain de cause aux partisans de l'innovation. « Vous triomphez, dit Colbert à Lamoignon au sortir de cette conférence ; vous pensez avoir fait l'action d'un homme de bien ! Eh ! ne savais-je pas comme vous que le roi trouverait de l'argent à emprunter ? Mais je me gardais avec soin de le dire. Voilà donc la voie des emprunts ouverte ! Quel moyen restera-t-il désormais d'arrêter le roi dans ses dépenses ? Après les emprunts, il faudra les impôts pour les payer, et si les emprunts n'ont point de bornes, les impôts n'en auront pas davantage. »

III

Dès ce moment la position de Colbert devint de plus en plus pénible et presque intolérable : à chaque instant, c'étaient de nouvelles demandes d'argent ; ainsi, en 1673, le roi signifie au contrôleur général qu'il est nécessaire de porter à 60 millions, au lieu de 45 où il était, le fonds de la guerre, et, comme le ministre se récriait : « Songez-y, lui dit assez sèchement Louis XIV ; si vous ne pouvez trouver cette somme, un autre la trouvera; » or, cet autre, c'était Louvois. Colbert, dit Charles Perrault dans ses *Mémoires*[1], s'enferma chez lui, ne voulant plus retourner chez le roi; ses commis le virent « travaillant à remuer tous ses papiers, sans qu'on sût ce qu'il faisait ni ce qu'il pensait ». Un combat douloureux se livrait dans son âme : mis en demeure d'opprimer le peuple et de le ruiner, après s'être fait, en quelque façon, son soutien et son bienfaiteur, se résignera-t-il à ce rôle nouveau et odieux? Deviendra-t-il un Foucquet, pour complaire au maître tout-puissant? Ou bien se retirera-t-il du ministère, abandonnant à d'autres mains le soin d'achever la destruction de son propre ouvrage? Il hésita longtemps; sa famille, fort intéressée d'ailleurs dans la question, l'exhortait à ne point quitter la place, disant « que c'était un piége qu'on lui tendait pour le perdre en l'éloignant des affaires ». Lui, de son côté, se répétait qu'il n'avait pas le droit de livrer la France à des financiers ou administrateurs empiriques; que, lui présent, les maux du pays seraient toujours un peu adoucis; que d'ailleurs la guerre aurait son terme, et que l'avenir apporterait sans doute des dédommagements et des ressources qui feraient bien vite oublier les maux passés. Il resta donc; mais, suivant Charles Perrault, tandis qu'auparavant on le voyait se mettre au travail en

[1] Livre IV.

se frottant les mains de joie, depuis ces derniers incidents, il ne travailla plus qu'avec un air chagrin et même en soupirant. De facile et aisé qu'il était, il devint sombre et difficultueux, presque inabordable, et l'expédition des affaires en fut beaucoup ralentie.

IV

Le malheureux ministre se résigna donc à de nouvelles mesures fiscales; mais il fit du moins tout ce qu'il put pour en atténuer les fâcheux effets. Lui qui, en 1665, avait réduit l'intérêt de l'argent au denier 20 (5 pour 100), il fut obligé de signer une déclaration qui le relevait au denier 18 pour les prêts faits au roi; ce taux fut même dépassé : pour satisfaire aux exigences des traitants, on alla jusqu'au denier 16 ou 14 (7 et 7 et demi pour 100). Colbert, qui avait fait un vain appel aux capitaux du dehors, en autorisant les étrangers à se rendre acquéreurs des rentes créées sur l'hôtel de ville (pour 900,000 livres) en diverses émissions, eut alors l'heureuse idée de s'adresser directement à la grosse masse du public français : c'était une première vulgarisation, presque une démocratisation du crédit. Une *caisse d'emprunt* fut instituée, qui recevait en dépôt, comme le fait aujourd'hui la Banque de France, les sommes, si modiques qu'elles fussent, que les particuliers y apportaient; la faculté de retrait était à la discrétion des déposants, et le remboursement se faisait avec un intérêt de 5 pour 100, au profit des prêteurs. Cette innovation fut favorablement accueillie, et les fonds ne cessèrent d'affluer à la caisse. Mais la guerre continuait toujours, condamnant Colbert à recourir aux taxes les plus vexatoires. Son esprit s'assombrissait de plus en plus ; l'espérance toutefois ne l'abandonnait pas entièrement. Un jour, un de ses amis le surprit rêvant profondément devant une fenêtre de son château de Sceaux, l'œil fixé sur les riantes campagnes d'alentour; cet ami lui demanda quel pouvait être l'objet de sa méditation, et Colbert répondit : « En contemplant ces campagnes fertiles qui sont devant nos yeux, je me rappelais celles que j'ai vues ailleurs : quel riche pays que la France! si les ennemis du roi le laissaient jouir de la paix, on pourrait, en peu d'années, procurer à ses peuples cette aisance que leur promettait le grand Henri, son aïeul... Je voudrais que mes projets eussent une fin heureuse, que l'abondance régnât dans le royaume, que tout le monde y fût content, et que, sans emplois, sans dignités, éloigné de la cour et des affaires, l'herbe crût dans ma cour! »

Malheureusement la réalité empêcha la réalisation du rêve : en août 1674, le droit sur le sel est augmenté de 30 sous par minot, et ce n'est pas tout : parmi les cinq grosses fermes étaient compris les droits sur le *tabac*; le tabac des colonies françaises était soumis, en vertu du tarif de 1664 dont nous avons parlé plus haut, à un droit de 4 livres par 100 livres ; le tabac étranger payait 13 livres ; or, par une déclaration de 1674, le monopole de la vente du tabac fut attribué à l'État. Divers arrêts et ordonnances jusqu'en 1681 interdirent aux particuliers, sous des peines très-sévères, telles qu'amendes, carcan, bannissement, galères à temps ou à perpétuité, l'importation, la culture, la fabrication, le transport et la vente de cette denrée. On détermina les endroits où la culture de la plante pouvait être autorisée en France : la surveillance fut confiée à des agents du fisc, armés des règlements les plus minutieux ; enfin, on créa sur ce point toute une police spéciale, assez analogue à la police tant détestée des gabelles. On sait du reste avec quelle rapidité s'accrut le produit du nouvel impôt : en vingt ans, le rendement était monté de 500,000 livres à 1,600,000. A la même époque, les *cafés publics*, de la Turquie, se répandirent en France[1], au grand scandale de nombre de gens : « Vin, café, tabac, opium, disait-on alors, sont les quatre ministres du diable. »

En même temps que ce monopole, fut établi un droit de *marque* sur l'*étain*; il n'était que de 1 sol par livre, mais c'était naturellement la vaisselle du pauvre qui était atteinte par cette taxe. De

[1] Le premier *café* fut fondé à Paris, en 1672, par un Arménien.

plus, un édit du 23 mars 1673 obligea de se constituer en communautés tous les métiers qui étaient jusqu'alors restés indépendants et en dehors de toute réglementation ; c'était achever l'œuvre des ordonnances de 1581 et 1597. « Des agents spéciaux, dit M. Clamageran, furent préposés à l'exécution de l'édit : Colbert leur donna des instructions précises et sévères ; il leur recommanda, en termes exprès, d'interdire le travail aux ouvriers récalcitrants. Bien peu de métiers, cette fois, purent se soustraire au joug de la hiérarchie officielle... Le même édit soumettait à une lourde taxe chaque maîtrise ancienne ou nouvelle. Dans le principe, la taxe était individuelle ; sous cette forme, elle parut intolérable ; l'irritation des artisans, portée au comble, menaçait la paix du royaume. Le cardinal de Bonsy, archevêque de Toulouse, écrivait à Colbert le 25 novembre 1673 : « Je ne puis vous cacher que l'édit des taxes sur les gens de métier fait un grand bruit dans la province ; ce sont des gens, pour la plupart, qui vivent du jour à la journée, de la sueur de leur corps, qui sont taxés d'ailleurs pour leur industrie par les communautés [1], et dont la finance, qui en revient au roi, est si modique qu'il a paru aux états de pouvoir espérer là-dessus quelque douceur. » De divers côtés, des avis analogues parvinrent à Colbert ; il en tint compte

[1] Allusion à la taille imposée sur les revenus industriels dans chaque paroisse de Languedoc.

dans une certaine mesure. Il reconnut que cette affaire des arts et métiers était très-délicate, qu'elle exigeait une circonspection extrême; qu'il était « dangereux de faire des taxes sur ces sortes de petites gens et d'en faire le recouvrement par contrainte ». Il recommanda alors de s'entendre avec les corps de métiers et même avec les municipalités, qui fourniraient une somme fixe et la répartiraient à leurs risques et périls, selon le mode qui leur conviendrait le mieux, entre les membres des corporations ou les habitants des villes et gros bourgs. Ces derniers furent autorisés à prendre sur leurs octrois le montant de la taxe. C'est ainsi que les choses se passèrent dans toutes les provinces. L'édit de mars se trouvait radicalement modifié dans sa partie fiscale [1]...

V

Aussitôt que la paix de Nimègue eut été signée, Colbert entreprit de restaurer à nouveau nos finances; mais par quel moyen rétablir l'équilibre du budget et ramener la dette publique constituée à ce chiffre modeste de huit millions que le ministre, avant la guerre de Hollande, s'était juré de ne pas dépasser? Il y parvint cependant en remboursant les rentes les plus onéreuses, au moyen d'emprunts opérés au denier 20. Dans un

[1] *Histoire de l'impôt en France*, t. II.

mémoire présenté au roi en 1679, il insistait sur la nécessité d'alléger le fardeau qui écrasait le peuple : « Nonobstant tout ce qui a été fait, il faut toujours avouer que les peuples sont fort chargés, et que, depuis le commencement de la monarchie, ils n'ont jamais porté la moitié des impositions qu'ils portent, c'est-à-dire que les revenus de l'État n'ont jamais été de quarante millions et qu'ils montent à présent à quatre-vingts millions et plus, et ces quatre-vingts millions sont dépensés effectivement sans remises ni intérêts. Il n'y a plus d'affaires extraordinaires à faire, parce qu'elles aboutissent toutes à nouvelles impositions sur les peuples ou à aliénation des revenus du roi au denier 8 (12,50 pour 100), 10 et 12, et le crédit de Sa Majesté est à présent au denier 20.

« Si Sa Majesté se résolvait de diminuer ses dépenses et qu'elle demandât sur quoi elle pourrait accorder du soulagement à ses peuples, mon sentiment serait de diminuer les tailles et les mettre en trois ou quatre années à vingt-cinq millions de livres, et de diminuer d'un écu le minot de sel. Les cinq grosses fermes sont en un état fixe. Il faudrait rétablir, s'il était possible, le tarif de 1667, diminuer les droits d'aides et les rendre partout égaux et uniformes en révoquant tous les priviléges, abolir la ferme du *tabac* et celle du *papier timbré*, qui sont préjudiciables au commerce du royaume, achever les ordonnances générales pour toutes les fermes et pour les tailles, composer des compagnies de trésoriers au lieu des élections, greniers à sel et juges des traites, leur donner un pouvoir égal aux premiers pour juger en dernier ressort; arrondir les ressorts des élections et greniers à sel; diminuer le nombre des officiers tout autant qu'il sera possible, parce qu'ils sont à charge aux finances, et aux peuples et à l'État, les réduire tous insensiblement par suppression et par remboursement au nombre qu'ils étaient en 1600. Le bien et l'avantage qui en reviendraient aux peuples et à l'État seraient difficiles à exprimer. Il y aurait encore d'autres propositions tendant à même fin, qui pourraient être découvertes, si celles-ci étaient agréables à Sa Majesté [1]. »

On le voit, Colbert n'entendait pas maintenir les expédients purement temporaires que la guerre avait nécessités : malheureusement il était trop tard ; son action sur le roi était morte, et Louis XIV vieillissant l'écoutait à peine. La bonne volonté du ministre devait échouer contre le fait accompli et contre les idées personnelles d'un monarque qui rêvait encore conquêtes, même en pleine paix.

[1] Manuscrit de la Bibliothèque impériale cité par M. Chéruel, *Histoire de l'administration monarchique*, t. II.

VI

L'établissement des nouveaux *droits* n'avait été nulle part plus mal accueilli que dans les *pays d'états*, qui tenaient particulièrement à leurs priviléges : à Bordeaux, à l'occasion de la *marque de l'étain*, le peuple s'était soulevé (mars 1675), au cri de « Vive le roi sans gabelles ! » les mutins avaient pillé les bureaux du timbre, assommé quelques commis et massacré un conseiller qui cherchait à les apaiser. Le maréchal d'Albret, gouverneur de la province, ne pouvant lutter contre toute une ville insurgée, avait promis une amnistie et la suppression de l'impôt contraire aux immunités du pays. Louis XIV et Colbert, cédant à la nécessité, acquiescèrent, en effet, à ces conditions, mais de mauvaise grâce, en se réservant de reprendre bientôt la revanche de la force et de l'autorité. Pour le moment, la situation était si alarmante, que l'intendant de Guyenne écrivait à Colbert :

« Ce que je trouve, Monsieur, de plus fâcheux est que la bourgeoisie n'est guère mieux intentionnée que le peuple ; les marchands qui trafiquent en tabac, et qui, en outre de la cessation de leur commerce, se voyaient chargés de beaucoup de marchandises de cette nature que les fermiers refusaient d'acheter, et qu'il ne leur était pas permis de vendre aux particuliers, sont bien aises que le bruit continue, pour continuer avec liberté le débit de leur tabac; les autres négociants s'étaient laissé persuader, ou du moins avaient feint de l'être, que du tabac on voulait passer aux autres marchandises; les étrangers, habitués ici, fomentent de leur côté le désordre, et je ne crois pas, Monsieur, vous devoir taire qu'il s'est tenu des discours très-insolents sur l'ancienne domination des Anglais, et si le roi d'Angleterre voulait profiter de ces dispositions et faire une descente en Guyenne, où le parti des religionnaires est très-fort, il donnerait, dans la conjoncture présente, beaucoup de peine. »

Sans nul doute, les craintes de l'intendant de Guyenne, à ce sujet, étaient exagérées; mais il est certain aussi que la contagion séditieuse gagnait les provinces voisines : à Pau, on brûlait la maison où le bureau du papier timbré était installé, et une insurrection éclatait pour le même motif à la Réole, à Toulouse, à Limoges.

Cependant l'autorité, revenue de ses premières hésitations, reprit le dessus à Bordeaux : on avait rappelé du Roussillon les douze mille hommes de troupes qui gardaient la frontière, et on les avait mis en garnison dans la ville. En dépit des promesses faites au peuple de Guyenne, un lieutenant criminel et un conseiller qui avaient paru favorables à la cause de leurs compatriotes furent cassés, et un *jurat* étranger fut introduit dans la magistrature de la ville. L'effet de ce manque de parole fut de ranimer la révolte ; mais, cette fois, on fit intervenir la potence, et les soldats furent logés à discrétion chez les bourgeois. Plus de six cents familles émigrèrent ; on vit partir à la fois sur leur lest de ce port, tout à coup ruiné par la misère et par les représailles de l'autorité, douze cents vaisseaux étrangers. Devant ces terribles « penderies » qui se succédèrent durant plusieurs jours, force fut aux bourgeois de se soumettre ; les impôts furent rétablis, les priviléges de la province abolis, le parlement fut transporté à Condom, la cour des aides à Libourne, et la chambre des comptes à Agen.

Pendant que la Guyenne était en feu, la ville de Rennes et la Bretagne entière étaient soulevées contre les derniers édits financiers, particulièrement contre les impôts du papier timbré et du tabac, qui, selon l'expression de Mme de Sévigné, « étranglaient » la province. Ce pays rude et farouche, habité par une race d'hommes que ses mœurs, ses habitudes, son costume, sa langue même, sans compter ses priviléges, séparaient, pour ainsi dire, du reste de la France, avait pour gouverneur le duc de Chaulnes, qui, usant de l'artifice déloyal dont on s'était servi en Guyenne, publia d'abord le retrait des nouveaux impôts et une amnistie générale. Mais quand la fin de la campagne de cette année permit de faire rentrer et de faire agir les troupes à l'intérieur, les exécutions commencèrent à Nantes et à Rennes avec une rigueur effroyable. Il faut, disait le duc de Chaulnes dans une lettre à Colbert, ruiner entièrement les faubourgs de Rennes. « Le moyen est violent ; mais c'est l'unique, » ajoutait-il. Mme de Sévigné, qui était alors aux Rochers, près de Rennes, donne dans ses lettres des détails navrants sur les excès de répression commis alors, et son témoignage est d'autant moins suspect qu'elle était loin d'éprouver de la sympathie ou même de la pitié pour cette *canaille* révoltée. Elle raconte tout avec une imperturbable indifférence. Ces pauvres Bretons, les « bonnets bleus », comme on les appelait, s'attroupaient dans les champs par bandes de quarante, de cinquante, et, dès qu'ils voyaient les soldats, se jetaient à genoux, en disant *mea culpa*, « le seul mot *français* qu'ils savaient. » Un jour, on prit à l'aventure vingt-cinq ou trente bourgeois pour les pendre. Cinq mille hommes occupèrent Rennes militairement ; on imposa sur les bourgeois une taxe de cent mille écus, avec menace, si elle n'était versée dans les vingt-quatre heures, de la doubler et de la faire lever par les soldats. Or, la levée ainsi faite, on savait ce que c'était : le pillage en grand. « On a chassé et banni tout une grande rue, dit encore Mme de Sévigné, et défendu de les recueillir sous peine de la vie ; de sorte qu'on voyait tous ces misérables, femmes accouchées, vieillards, enfants, errer et pleurer au sortir de cette ville, sans savoir où aller, sans avoir de nourriture ni de quoi se coucher. Avant-hier on roua un violon qui avait commencé la danse et la pillerie du papier timbré; il a été écartelé après sa mort, et ses quartiers exposés aux quatre coins de la ville. *Il dit, en mourant, que c'étaient les fermiers du papier timbré qui lui avaient donné vingt-cinq écus pour commencer la sédition, et jamais on n'a pu en tirer autre chose.* On a pris soixante bourgeois, on commence demain à pendre. Cette province est un bel exemple pour les autres, et surtout de respecter les gouverneurs et les gouvernantes, de ne point leur dire d'injures et de ne point jeter de pierres dans leur jardin. » Cette lettre est du 30 octobre 1675; le 3 novembre, Mme de Sévigné écrit : « Les rigueurs s'adoucissent; *à force d'avoir pendu, on ne pendra plus.* »

Le parlement de Bretagne fut déplacé comme celui de Guyenne; on le transféra à Vannes : grande punition pour la ville coupable; « car, disait encore Mme de Sévigné, Rennes sans parlement ne vaut pas Vitré. »

Tel fut, dans les provinces, un des lamentables résultats de la guerre que Louis XIV avait entreprise par orgueil. A l'extérieur, on l'a vu, le roi avait récolté la jalousie et la méfiance; à l'intérieur, il récoltait la misère et la révolte.

VII

Ce n'était certes pas la faute de Colbert, qui, nous le répétons, avait essayé d'adoucir, par tous les moyens possibles, les coups qu'il s'était vu forcé de porter à l'agriculture, au commerce et à l'industrie. En faveur de l'agriculture, il avait diminué les droits d'exportation sur les vins et eaux-de-vie, permis aux provinces du Midi d'exporter leurs grains moyennant le payement d'un tarif de vingt-deux francs le muid, et octroyé aux provinces du Nord la même liberté, avec remise des trois quarts du tarif. En faveur des producteurs et de la marine de commerce il avait supprimé tous droits de sortie sur les marchandises apportées par navires français pour les colonies d'Amérique et d'Afrique; il avait accordé des passe-ports aux navires flamands et autres étrangers pour venir chercher les denrées françaises, moyennant un droit par tonneau. Dès 1678, il avait diminué la gabelle de trente sous par minot de sel, et, avec le produit de l'emprunt fait à la paix, il avait racheté pour trente-deux millions de domaines publics aliénés. Ce n'est pas tout: effrayé de voir que les dépenses avaient dépassé cent dix millions, alors que le revenu net n'était que de quatre-vingt-un, il propose héroïquement au roi d'abaisser, pour l'année 1679, l'impôt à soixante-quinze millions, et de fixer au chiffre de soixante et onze millions le budget des dépenses : mais la guerre, qui continue, les travaux de luxe à Versailles, à Marly, qui vont s'accroissant, empêchent de donner suite à cette proposition salutaire ; en 1679, la dépense est de quatre-vingt-douze millions, avec anticipation de vingt-deux millions sur le revenu de 1680.

En vain Colbert diminue la taille : l'aggravation des autres droits ôte à ce bienfait toute sa portée. A la fin de 1680, la dépense s'élevait encore à quatre-vingt-dix millions, en pleine paix ; il fallut de nouveau anticiper d'une vingtaine de millions sur l'année suivante. Colbert, fidèle à son système de trancher toujours dans le vif, supplie Louis XIV de réduire la dépense à soixante millions : sinon, ajoute-t-il, il faudra de nouveaux emprunts, et le crédit sera bientôt frappé d'un coup mortel. Le roi n'accepte pas cette réforme radicale ; il entend ne pas descendre au-dessous de soixante-quatorze millions. Malgré ce nouvel échec, le ministre ne se décourage pas : par une augmentation obtenue sur les baux des fermes, le revenu de soixante-dix millions monte, en 1681, au delà de quatre-vingts millions, et, par suite des rachats opérés, le domaine rend un excédant de plus de trois millions. En 1682, la dette consolidée est de nouveau ramenée au chiffre-type de huit millions annuels, et l'impôt produit quatre-vingt-cinq millions ; mais le roi, en pleine paix toujours, en dépense cent. C'était à désespérer : Colbert, comme l'a dit un historien [1], « ressemble à un nageur qui s'épuise en vains efforts pour atteindre la terre et que chaque flot rejette plus loin du rivage. » Toutefois, en 1683, le revenu brut atteint près de cent treize millions, le revenu net s'élève à quatre-vingt-sept, et la taille et la gabelle ont été réduites de beaucoup; Colbert projette encore de nouvelles diminutions, et pense même à une extension de la *taille réelle*. Ainsi, l'équilibre des budgets avait duré dix ans de suite, de 1662 à 1671; depuis la guerre de Hollande, il ne put jamais se rétablir entièrement; mais, du moins, à partir de 1680, les déficits furent-ils moindres, et, en tous cas, le ministre sut rembourser pendant la paix les dettes contractées pendant la guerre.

Tel est le rapide historique de nos finances après la paix de Nimègue : où en était le commerce, particulièrement celui des grandes compagnies? A Madagascar, celle des Indes orientales n'avait pu prendre une solide assiette : malgré les efforts de Colbert, qui, pour la relever, lui abandonne le prêt de quatre millions qu'elle avait reçu du trésor royal, elle marche vers une ruine imminente; la guerre de Hollande a eu pour effet de lui enlever des postes comme Bantam, dans

---

[1] Henri Martin.

l'île de Java, Bender-Abassi et Masulipatam, en Asie, et la seule compensation à ces pertes, c'est la fondation de Pondichéry (1680).

Quant à la compagnie des Indes occidentales, elle avait encore plus souffert. Déjà éprouvée par la guerre de 1665-1666, elle fut accablée par celle de 1672 à 1679. Dès 1673, elle dut aliéner, moyennant une redevance, entre les mains d'une nouvelle compagnie dite du *Sénégal*, ses comptoirs de la côte d'Afrique; en 1674, elle prit un parti définitif: elle résigna tous ses droits entre les mains du roi, restituant ainsi au domaine public toutes nos colonies d'Amérique.

Mais voici que les guerres vont succéder aux guerres : Louvois, « le plus grand, mais le plus brutal des commis, » dit Choisy, sait se rendre ainsi nécessaire et consolider son influence. Malheureusement pour la France, les succès militaires de la guerre de Hollande ont paru justifier les prétentions de Louis XIV et encourager son ambition : désormais il va pratiquer à outrance cette politique orgueilleuse et agressive qu'il expiera si cruellement plus tard.

VIII

Sa première violence, c'est une sorte de défi aux autres souverains : ils avaient licencié leurs troupes; il a gardé les siennes, et s'en sert pour faire de véritables conquêtes en pleine paix. Par une dérisoire interprétation des derniers traités, des *chambres de réunion*, convoquées par le roi, décident qu'on recherchera et qu'on poursuivra la possession des terres démembrées de l'Alsace, des Trois-Évêchés et de la Franche-Comté, provinces nouvellement adjointes au royaume. La grande ville impériale de Strasbourg est emportée par Louvois, tandis que ses bourgeois sont à la foire de Francfort; puis une armée sortie de Pignerol surprend Casal; une autre assiége Philipsbourg, pendant que le maréchal d'Humières s'empare de Dixmude et de Courtrai, sous prétexte que les Espagnols n'ont pas exécuté pleinement le traité de Nimègue. Encore une fois, c'était bien la guerre en pleine paix. Pour justifier cette étrange revendication des prétendues *dépendances* de provinces françaises, on fit valoir des droits seigneuriaux qui remontaient jusqu'à l'existence du royaume d'Austrasie, et l'on réclama l'abbaye de Wissembourg, comme une fondation du roi Dagobert. De là le réveil de la haine universelle, la coalition d'Augsbourg, suivie du traité de Ryswick. Ce traité fut une première humiliation pour Louis XIV, une première punition de son orgueil : il était forcé de reconnaître la royauté de Guillaume III et de rendre Pignerol à la Savoie.

Nous voilà déjà loin du glorieux prestige de Nimègue. Une petite nation, la Hollande, a osé la première résister à Louis XIV; maintenant c'est l'Angleterre qui, débarrassée des Stuarts, soutiendra la lutte et imposera la paix; puis viendra la succession d'Espagne; l'Europe sera de nouveau bouleversée par les prétentions de Louis XIV, et la France engagée dans une longue guerre qu'elle ne sera plus en état de soutenir avec autant d'honneur, car elle n'aura plus alors ses grands ministres, et la plupart de ses grands capitaines auront disparu. La tâche de Colbert et de Louvois aura passé à Chamillard, celle de Turenne et de Condé aux Tallard et aux Villeroi. Ce règne, inauguré avec tant d'éclat, se terminera par des revers au dehors, par la misère au dedans. Il en est toujours ainsi, lorsque les potentats veulent surmener leur fortune.

CHAPITRE IX

COLBERT ET SEIGNELAY. — MORT DE COLBERT

Colbert, éducateur de son fils le marquis de Seignelay; ses *Mémoires* à ce dernier. — Anecdotes diverses. — Colbert malade; Louis XIV et la grille de Versailles. — Intrigues et calomnies contre Colbert. — Ses derniers moments; sa mort; outrages à sa mémoire; le *gouffre d'enfer*. — Résumé.

I

De son mariage avec Marie Charon Colbert avait eu neuf enfants, dont six fils et trois filles : sa fortune, qui s'éleva progressivement jusqu'à dix millions environ, lui permit de doter richement ces dernières; quant aux garçons, ils firent également d'opulentes alliances. Son fils aîné, le seul dont nous parlerons ici, le marquis de Seignelay, fut naturellement l'objet de ses prédilections. Désireux de lui léguer en survivance la plus importante de ses charges, celle de secrétaire d'État de la marine, Colbert s'efforça par tous les moyens d'assouplir le caractère assez indisciplinable du jeune homme. En même temps,

COLBERT

« Si j'avais fait pour Dieu ce que j'ai fait pour le roi, je serai sauvé deux fois ; maintenant je ne sais ce que je vais devenir. » (Ch. ix.)

pour lui ouvrir l'esprit, il composait pour lui des traités spéciaux sur les principales matières de législation et d'administration. Il le faisait voyager en Angleterre, en Hollande, en Italie, lui donnant pour chaque voyage, en manière de viatique, des instructions détaillées qui, heureusement, nous sont parvenues. On demeure confondu, en lisant ces sortes de *monita*, de l'étonnante activité de Colbert. Où trouvait-il des loisirs de reste pour tant et de si sérieuses choses ? Ici l'homme privé et le père viennent doubler et compléter le mérite de l'homme public et du ministre.

Au moment où le marquis de Seignelay entreprend un voyage à Rochefort, Colbert lui remet un mémoire « sur ce qu'il doit observer pendant le voyage » : il devra se pénétrer, par une étude attentive, de l'esprit et du texte des diverses ordonnances sur la marine et des traités relatifs au même objet; il visitera par le menu l'arsenal, les navires, les ateliers de toutes sortes, s'édifiera sur la nature des fonctions des moindres employés, sur tous les détails de la construction maritime, etc... Le mémoire se terminait par les exhortations suivantes !

« Après avoir dit tout ce que je crois nécessaire qu'il fasse pour son instruction, je finirai par deux points : le premier est que toutes les peines que je me donne sont inutiles, *si la volonté de mon fils n'est échauffée*, et qu'elle ne se porte d'elle-même à prendre plaisir à faire son devoir : c'est ce qui le rendra lui-même capable de faire ses instructions, *parce que c'est la volonté qui donne le plaisir à tout ce que l'on doit faire, et c'est le plaisir qui donne l'application.* Il sait que c'est ce que je cherche depuis si longtemps. J'espère à la fin que je le trouverai et qu'il me le donnera, ou, pour mieux dire, qu'il se le donnera à lui-même, pour se donner du plaisir et de la satisfaction à lui-même, et me payer avec usure de toute l'amitié que j'ai pour lui et dont je lui donne tant de marques.

« L'autre point est qu'il s'applique, sur toutes choses, à *se faire aimer* dans tous les lieux où il se trouvera, et par toutes les personnes avec lesquelles il agira, soit *supérieures, égales ou inférieures;* qu'il agisse avec beaucoup de civilité et de douceur avec tout le monde, et qu'il fasse en sorte que ce voyage lui concilie l'estime et l'amitié de tout ce qu'il y a de gens de mer ; en sorte que, pendant toute sa vie, ils se souviennent avec plaisir du voyage qu'il aura fait, et exécutent avec amour et respect les ordres qu'il leur donnera dans toutes les fonctions de sa charge.

« Je désire que toutes les semaines il m'envoie, écrit de sa main, le mémoire de toutes les connaissances qu'il aura prises sur chacun des points contenus en cette instruction [1]. »

---

[1] Collection de M. P. Clément.

Voilà certes des paroles paternelles, dans la plus haute et la plus noble acception du mot; ce sont, en même temps, des conseils d'une véritable utilité pratique, en sorte qu'ici encore le ministre se retrouve à côté du père.

L'instruction que Colbert remet à son fils, lorsque celui-ci part pour l'Italie (1671), n'est pas moins précise et procède du même esprit : les deux points principaux, lui dit-il, sur lesquels son voyage doit être conduit, sont la diligence et l'application : la diligence, pour se mettre promptement en état de servir le roi comme secrétaire d'État de la marine; l'application, pour tirer profit du voyage, et revenir bien pénétré de la situation des divers princes et États qui dominent dans la péninsule italienne : Gênes, Livourne, Parme, la Savoie, les États de l'Église, Florence, Pise, etc... « A l'égard des ministres du roi, il faut bien qu'il prenne garde de ne point prendre la main chez les ambassadeurs, c'est-à-dire qu'il faut donner toujours la droite aux ambassadeurs chez eux, quelques instances pressantes qu'ils lui fassent du contraire, d'autant que le roi leur a défendu de donner la droite à aucun de ses sujets, et qu'ainsi ce serait offenser le roi, s'il en usait autrement. » Voilà pour la question d'étiquette et de cérémonial, si importante au XVIIe siècle. Voici maintenant des indications minutieuses d'itinéraire : « Pour le séjour qu'il fera, il suffira de deux jours à Gênes, deux jours à Florence, huit jours à Rome, trois ou quatre jours à Naples et aux environs; au retour à Rome huit autres jours, et il faut faire en sorte que ce dernier séjour se trouve dans la semaine sainte; en partir le lundi de Pâques pour Lorette, et, de là, voir les principales villes de la Romagne, Ravenne, Faence, Rimini et autres; une demi-journée dans chacune de ces villes suffira; à Venise deux ou trois jours; dans les autres villes de l'État de Venise une demi-journée à chacune; à Milan une ou deux journées, à Mantoue et à Turin une ou deux journées. »

Plus loin, c'est le surintendant des beaux-arts qui parle :

« Il visitera l'Académie du roi qui est à Rome, et le cavalier Bernin..., et s'appliquera particulièrement à apprendre l'architecture et à prendre le goût de la peinture et sculpture pour se rendre, s'il est possible, un jour capable de faire ma charge de surintendant des bâtiments, qui lui donnera divers avantages auprès du roi... S'il veut s'appliquer à former son goût sur l'architecture, la sculpture et la peinture, il faut qu'il observe d'en faire discourir devant lui, interroge souvent, se fasse expliquer les raisons pour lesquelles ce qui est beau et excellent est trouvé et estimé tel; *qu'il parle peu et fasse beaucoup parler.* »

Plus tard, lorsque Colbert associe son fils aux affaires, il lui remet une nouvelle instruction qui est comme le résumé de ses idées et de son expérience en matière d'administration, et dans laquelle il lui remontre qu'il « est impossible de s'avancer dans les bonnes grâces d'un prince laborieux et appliqué, si l'on n'est soi-même et laborieux et appliqué », et que le seul moyen pour le marquis de Seignelay de succéder à la charge de son père est de faire connaître au roi qu'il est capable de la remplir par son zèle et son assiduité, « qui seront les seules mesures ou du retardement ou de la proximité de cette grâce. »

Le marquis de Seignelay, bien qu'il n'eût encore que vingt ans, répondit pleinement aux désirs et aux espérances de son père, et se tira si bien de la première épreuve, qu'il obtint presque aussitôt le brevet de survivance.

II

Avant de faire assister le lecteur aux derniers moments du grand ministre, il est à propos de revenir brièvement sur sa personne et sur son caractère.

Sa nature, nous l'avons vu, était non-seulement ferme, mais absolue, et supportant avec peine la contradiction. « Insensible à la satire, dit Lemontey, sourd à la menace, incapable de peur et de pitié, cachant sous le flegme un tempérament colère et impatient, si, avant de résoudre, il consultait avec soin et avec bonne foi, il exécutait ensuite despotiquement et brisait les oppositions. » Ce caractère entier s'était révélé dès son entrée au conseil : un jour que Louis XIV était présent, Brienne parlait sur une affaire relative à l'évêque de Genève, qui réclamait des magistrats de cette ville une rente traditionnelle de trois à quatre mille livres ; Colbert, qui écoutait avec attention, prit soudainement la parole, en déclarant avec hauteur que le roi n'entendait point se mettre mal avec les Genevois, et que, s'il y avait réellement lieu, il préfèrerait donner lui-même une gratification au prélat. « Vous voyez sur quel ton le prend le sieur Colbert, dit à l'issue du conseil le Tellier au *bonhomme Brienne*, furieux de ce que son fils eût été ainsi interrompu devant le roi ; *il faudra compter avec lui* [1]. »

Travailleur infatigable, il voulait que tous fussent infatigables comme lui pour le service du roi, et il était d'une extrême rigueur envers tous ses commis, sans distinction de grade ; il ne regardait pas non plus à la parenté : il forçait son neveu Desmarets à venir, hiver comme été, travailler avec lui dès sept heures du matin. Une fois Desmarets était en retard d'un quart d'heure ; Colbert, sans mot dire, lui montra l'aiguille de la pendule ; l'autre crut pouvoir s'excuser en disant qu'il y avait eu la veille à la cour un bal qui s'était prolongé fort avant dans la nuit, et qu'au matin les suisses l'avaient fait attendre un quart d'heure avant de le laisser sortir. « Il fallait vous

---

[1] *Mémoires* de l'abbé de Choisy.

présenter à eux un quart d'heure plus tôt, » répondit Colbert.

Nous l'avons dit, il ne supportait pas la contradiction, alors même qu'il la demandait. Un jour, il avait convoqué, pour une conférence sur le commerce, les principaux marchands de Paris; aucun n'osait ouvrir la bouche. « Messieurs, leur dit-il, êtes-vous muets? — Non, Monseigneur, répondit l'un d'eux; mais nous avons peur de vous offenser, s'il nous échappe quelque parole qui vous déplaise. — Parlez librement, répliqua le ministre; celui qui le fera avec le plus de franchise sera le meilleur serviteur du roi et mon meilleur ami. » Alors celui qui avait déjà pris la parole continua : « Monseigneur, puisque vous nous le commandez, et que vous promettez de trouver bon ce que nous aurons l'honneur de vous représenter, je vous dirai franchement que, lorsque vous êtes venu au ministère, vous avez trouvé le chariot renversé d'un côté, et que, depuis que vous y êtes, vous ne l'avez relevé que pour le renverser de l'autre. » Le mot était hardi, dur même, de plus injuste, et, selon toute apparence, quelque intérêt privé compromis avait inspiré cette sortie; le ministre pâlit de colère, et ses épais sourcils se froncèrent de telle façon que personne n'osa souffler mot, et que la conférence n'alla pas plus loin. Il n'avait pu se contenir, malgré sa promesse et son désir.

C'est surtout en matière de finances qu'il était

impitoyable : non-seulement les malversations, mais les plus petits abus le mettaient hors de lui. M. P. Clément rapporte, à ce sujet, l'anecdote suivante : Perrault, l'auteur des *Contes des fées*, « avait un frère receveur des finances à Paris, le même qui avait travaillé avec Colbert, alors son subalterne, chez un trésorier des *parties casuelles*. De 1654 à 1664, époque où le frère de Perrault exerça cette charge, les recettes furent, comme on l'a vu, extrêmement difficiles, et le roi se trouva obligé de remettre au peuple tout ce qui restait dû sur les tailles de ces dix années : libéralité admirable, dit Charles Perrault [1], si elle n'eût point été faite aux dépens des receveurs généraux qui avaient avancé ces fonds, et qui ont été presque tous ruinés, faute d'en avoir pu faire le recouvrement. Son frère se trouva dans ce cas, et, en 1664, tourmenté, persécuté par ses créanciers, il crut pouvoir prendre quelques fonds sur la recette courante pour payer ses dettes les plus criardes. Colbert l'apprit et le fit appeler ; mais, craignant les poursuites de quelques personnes qui parlaient déjà de le faire incarcérer, Perrault s'était caché. Que pouvait faire Colbert ? Il donna ordre que sa charge fût vendue au profit du trésor. Vainement Charles Perrault intercéda souvent en sa faveur. Un jour Colbert lui dit : « Votre frère s'est fié sur mon amitié, et il a cru qu'il

[1] Dans ses *Mémoires*.

pouvait impunément jouer le tour qu'il m'a fait. »
Là-dessus Perrault se récria, exposa de nouveau
les causes premières de la gêne de son frère; quoi
qu'il en soit, il dut se résigner et se retirer. »

Parfois pourtant, la fibre du sévère ministre se
détendait, comme en témoigne le fait suivant :
Après que le Nostre eut refait le jardin des Tuileries, Colbert dit au même Charles Perrault,
son premier commis à la surintendance des bâtiments : « Allons aux Tuileries en condamner les
portes : il faut conserver ce jardin au roi, et ne
pas le laisser ruiner par le peuple, qui, en moins
de rien, l'aurait entièrement gâté [1]. » Cette interdiction eût certainement semblé dure aux promeneurs parisiens, accoutumés à jouir en liberté
de cet espace. Charles Perrault sentait que la mesure serait une cause de mécontentement, et il en
fit la remarque à Colbert, alléguant le plaisir que
les femmes et les enfants prenaient à circuler et
à s'ébattre dans le jardin. « Il n'y a que les fainéants qui viennent ici, » répliqua Colbert. Perrault répondit qu'il y avait aussi des convalescents, des malades, et il ajouta que sans doute

[1] Cette crainte était chimérique : on l'a exprimée à nouveau de nos jours, notamment lors de l'établissement des nombreux jardins ou *squares* qui sont à Paris, et des parterres de fleurs et d'arbustes des Champs-Élysées ; or il est à remarquer que le peuple, même dans les jours de foule, a toujours respecté ces créations d'agrément public, et que la surveillance et la garde en sont, par cela même, très-faciles.

« les jardins des rois n'étaient si spacieux qu'afin que tous leurs enfants pussent s'y promener». A ce mot, Colbert sourit, et, les jardiniers ayant confirmé le langage de Perrault, le ministre ne parla plus de fermer les Tuileries.

III

Dès 1672, la santé de Colbert était gravement altérée ; les excès de travail et les soucis minaient cet homme de fer. Il souffrait de l'estomac, et avait dû s'astreindre à un régime très-rigoureux. En 1680, à la suite d'un voyage qu'il fit avec le roi dans les Pays-Bas, il eut une fièvre maligne, dont les accès duraient parfois quinze heures ; ce fut un remède nouveau alors, le quinquina, qui le sauva. Quelque temps après, il fut atteint d'une autre maladie plus grave, et dès lors sa guérison devint impossible ; mais, on peut le croire, ce furent principalement les duretés du roi qui hâtèrent la fin du ministre. Un jour Louis XIV, avisé par Louvois que Colbert avait passé un marché onéreux au sujet de la grille de la grande cour de Versailles, reprocha très-amèrement à son vieux serviteur ses dépenses « effroyables ». — « Il y a de la friponnerie, » lui dit le monarque. — « Sire, répondit Colbert, je me flatte au moins que ce mot-là ne s'étend pas jusqu'à moi. — Non, dit le roi, mais il fallait y avoir plus d'attention...; si vous voulez savoir ce que c'est que l'économie, allez en Flandre ; vous verrez combien les fortifications des places conquises ont peu coûté. » Le roi faisait allusion aux terrassements et aux maçonneries dont Louvois, suivant en cela l'exemple des Romains, avait confié l'exécution aux soldats, moyennant une très-faible paye.

Louis XIV accuser Colbert de profusion et de gaspillage! En vérité, n'y a-t-il pas de quoi confondre? Le roi oubliait que ces « dépenses effroyables », Colbert les avait toujours condamnées, qu'il n'avait pas tenu à lui d'empêcher que les immenses travaux de Versailles ne dévorassent toutes les ressources du trésor ; il oubliait que ce n'était pas au ministre, mais au monarque qu'il fallait attribuer les ravages de ce « cancer intérieur [1] » des fastueux bâtiments ; il ne se souvenait pas que si quelqu'un, sous son règne, avait représenté le bon sens, la probité et l'économie, c'était cet administrateur dont l'activité et le génie avaient enfanté tant d'œuvres sérieuses et créé tant de ressources, sitôt ruinées ou dévorées par la guerre et par les caprices de la prodigalité royale. Il oubliait enfin que cette gloire dont il était si fier, il la devait, au moins pour moitié, à cet homme qu'il accusait aujourd'hui avec tant d'ingratitude. Mais le prince était circonvenu par les menées et les intrigues des nombreux ennemis que Colbert s'était faits par son intégrité même :

[1] Saint-Simon.

on accusa même celui-ci de tramer « des desseins pernicieux » et d'aspirer au rôle de Richelieu et de Mazarin; et cela, à la fin de sa carrière, sur ses derniers jours, dans un temps où il n'avait plus guère qu'à songer à la mort, s'il n'avait songé encore aux intérêts de l'État et de son roi ! Comment celui-ci pouvait-il prêter l'oreille à ces misérables et ridicules propos ? C'est que Louis XIV, malgré ses apparences de force et d'autorité, était faible parfois, et facilement dominé.

IV

Colbert, ministre, souffrait cruellement de cette disgrâce imméritée; mais l'homme, en lui, ne souffrait pas moins. Il aimait sincèrement Louis XIV; sa foi en son souverain avait été une foi vivace et ardente. Le maître et le serviteur n'avaient-ils pas, pendant vingt ans, vécu côte à côte, pour ainsi dire? pendant vingt ans, n'avaient-ils pas travaillé de concert, et, le plus souvent, de bon accord à la gloire et à la grandeur de la France? Colbert, bien qu'il s'affligeât parfois des écarts de son maître, s'était habitué à voir en lui l'idéal de la royauté; dans sa pensée et dans son cœur, il l'avait mis comme sur un piédestal d'où rien ne semblait pouvoir le faire descendre; aussi la désillusion devait-elle porter au pauvre grand homme un coup mortel. Louis XIV en a fait mourir d'autres à peu près de la même façon, Racine, par exemple. Quant à Colbert, dans l'été de 1683, il prit le lit pour ne plus le quitter. En apprenant qu'il n'y avait plus d'espoir, Louis XIV, dans un accès de remords peut-être, lui envoya un gentilhomme avec une lettre; Colbert refusa de la lire en disant : « Je ne veux plus entendre parler du roi ; qu'au moins à présent il me laisse tranquille ! C'est au Roi des rois que j'ai maintenant à répondre... » Il ajouta : « Si j'avais fait pour Dieu ce que j'ai fait pour cet homme-là, je serais sauvé deux fois, et maintenant je ne sais ce que je vais devenir. » Quel châtiment pour Louis XIV que de telles paroles ! et en même temps quel honneur pour le caractère et la mémoire de Colbert !

Ainsi mourut à Paris, le 6 septembre, sur les trois heures de relevée, à l'âge de soixante-quatre ans, dans son hôtel de la rue Neuve-des-Petits-Champs, « Jean-Baptiste Colbert, chevalier, marquis de Châteauneuf-sur-Cher, baron de Sceaux, Lignières et autres lieux, conseiller ordinaire du roi en tous ses conseils, du conseil royal, commandeur et grand trésorier de ses ordres, ministre et secrétaire d'État de la marine et des commandements de Sa Majesté, contrôleur général des finances, surintendant et ordonnateur général des bâtiments, arts, commerce et manufactures de France. »

Il expira, sans même avoir pu dire le suprême

adieu à son fils aîné : ce jour-là et à cette heure, le marquis de Seignelay avait dû quitter le chevet de son père à l'agonie, pour aller à Fontainebleau remplir les devoirs de sa charge. L'obligation était dure ; mais l'étiquette était formelle, et rien ne pouvait dispenser Seignelay, même en cas pareil ; il s'agissait de présenter au roi les membres de l'université de Paris qui venaient apporter à Sa Majesté leurs condoléances sur la mort de la reine Marie-Thérèse, décédée au mois d'août précédent.

Après l'ingratitude du roi, l'ingratitude du peuple : Colbert, comme Sully, fut insulté et maudit après sa mort, et les gens des halles se portèrent vers son hôtel afin d'outrager ses restes. Il fallut remettre à la nuit pour l'enterrer, et ce fut sous l'escorte d'une troupe d'archers qu'il fut conduit de la rue Neuve-des-Petits-Champs à l'église Saint-Eustache.

Ce n'est pas tout : la calomnie le poursuivit jusque dans la tombe ; la haine de ses ennemis s'exhala en libelles diffamatoires, en invectives de carrefour. Un écrivain, ou plutôt un pamphlétaire, composa contre lui un ouvrage plein de faussetés et d'injures, et l'on grava une estampe, intitulée *le gouffre d'enfer*, qui représentait le squelette de la Mort surprenant Colbert assis et en train de compter l'argent de son coffre-fort. La Mort lui disait : « L'heure est venue ; il faut partir. » A droite, derrière le rideau, apparaissait à mi-corps un diable, qui attendait le moment de mettre la griffe sur « l'avare » ministre [1].

Telle fut l'oraison funèbre du digne successeur des Sully, des Richelieu et des Mazarin. Le roi Louis XIV, qui voyait ces indignités avec indifférence peut-être, qui, en tout cas, ne paraît avoir rien fait pour les prévenir ou les réprimer, Louis XIV était loin de se douter qu'à trente-deux ans de là son propre corps, abandonné aux laquais, serait envoyé en poste à Saint-Denis, sa dernière demeure, et ne recueillerait sur la route que les injures d'une foule ivre attablée dans les cabarets.

V

Tous deux, roi et ministre, avaient commencé d'accomplir une œuvre vraiment immense. Le roi, malheureusement, se dégoûta trop vite de cette pacifique collaboration ; le roi avait d'autres passions que le ministre : celui-ci était avide d'ordre et de prospérité pour le royaume ; quant au prince,

---

[1] Nous avons vu que Colbert avait 10 millions de fortune ; mais c'était une fortune honnêtement acquise. « Il envoya au roi, avant de mourir, dit l'abbé de Choisy, le mémoire de son bien..., et fit voir clairement que les appointements de ses charges et les gratifications extraordinaires avaient pu, en vingt-deux ans, produire légitimement une somme aussi considérable que celle-là. » — Ajoutons que Colbert était aussi bon administrateur de sa fortune que de la fortune publique.

sans compter son goût pour les plaisirs, il était ambitieux de domination au dehors et au dedans. Tant qu'il fut possible de concilier le travail des grandes réformes intérieures avec le prestige de la force à l'extérieur, le roi soutint de son autorité l'infatigable restaurateur des finances, du commerce et de l'industrie ; mais quand il fallut choisir entre deux politiques contraires et inconciliables, quand s'éleva le conflit entre le génie de la guerre et celui de la paix, Louis XIV, fermant les yeux sur les conséquences de son choix, opta pour Louvois qui représentait l'un, contre Colbert qui représentait l'autre. Colbert, resté seul, ou à peu près, pour continuer l'œuvre entreprise d'abord avec l'entier assentiment du roi, essaya de suffire à tout avec les inépuisables ressources de son génie, de son expérience et de sa volonté ; il tâcha de nourrir les armées sans affamer le peuple ; il fit des prodiges d'intelligence et d'énergie pour satisfaire tout ensemble aux chimères orgueilleuses du roi et aux pressantes nécessités du royaume. Obligé de détruire lui-même ce qu'il avait édifié avec tant de peine, il s'efforce ensuite de réparer et de reconstruire, et si le prince, lassé de conquêtes et de victoires, fût alors revenu à son ministre, si une nouvelle entente se fût établie entre ces deux pensées qui s'étaient si bien entendues d'abord, l'œuvre de réparation eût pu s'accomplir et les plaies saignantes encore se fussent promptement guéries :

la gloire militaire était acquise, et l'on pouvait se remettre aux féconds travaux de la paix. Mais Louis XIV ne consentit point à revenir en arrière : entouré de son brillant état-major de généraux, de princes et de courtisans, il s'engagea toujours plus avant dans la voie sanglante et périlleuse des conquêtes. Le jour viendra pourtant, mais trop tard, où le grand roi, vaincu, mais debout encore dans sa défaite, pourra faire d'amers retours sur le passé; pour panser tant de blessures, pour réparer le désastre de nos finances, pour remédier aux maux de la dépopulation, d'une misère générale, de la famine même, il retournera la tête et cherchera des yeux Colbert : mais Colbert ne sera plus là.

CHAPITRE X

LES DIFFÉRENTES CLASSES DU ROYAUME
A LA MORT DE COLBERT
LES VILLES ET LES CAMPAGNES

Le clergé et la régale. — Extension de Paris; extrême centralisation. — Condition matérielle des nobles; progrès de la classe moyenne. — Jugement de W. Temple et de Locke sur la France; causes de la dépopulation des campagnes; la corvée. — État de l'industrie après Colbert; exagération de son système; calamités de la fin du règne. — Changements survenus dans la condition du fabricant et de l'ouvrier.

I

Pour compléter cette étude, il nous reste à dire sommairement quelle était, à la mort de Colbert, la condition des différentes classes du royaume, à commencer par le premier ordre, le clergé, qui avait les honneurs de la préséance, particulièrement dans les assemblées d'états généraux. On a vu comment s'était accompli, au XVIIe siècle, le nivellement politique du second et du troisième ordre, la noblesse et la bourgeoisie. En ce qui les concerne, la partie avait été facilement gagnée par Louis XIV, et l'annulation de ces deux forces, déjà presque consommée par Richelieu, était devenue complète. Cependant, pour clore définitivement le cercle de l'unité monarchique, il importait d'y faire entrer à tout prix cette autre force, cette puissance à la fois sociale et morale, l'Église. Ici se présentaient de particulières et graves difficultés : la lutte contre les nobles n'avait été engagée que contre des *individus*, contre des adversaires plus ou moins redoutables, mais isolés : on les abattait l'un après l'autre, comme les Curiaces, en les divisant; aucun principe commun et traditionnel ne donnait force à leur résistance, tandis qu'avec l'Église on avait affaire à un corps uni et puissant par son union, n'ayant qu'une seule et même tête : l'unité monarchique se prenait là à une autre unité plus ancienne, plus vaste et plus respectée, l'unité catholique.

Il n'entre pas dans le cadre de ce livre de rapporter tout au long le différend de Louis XIV et du saint-siége, ni de relater les différends antérieurs entre les rois de France et les souverains pontifes; bornons-nous à rappeler que, par le *Concordat* de 1516[1], Léon X avait accordé au roi très-chrétien le droit de nomination, ou plutôt, à vrai dire, de proposition à tous les évêchés, ab-

---

[1] Signé entre le saint-siége et François Ier.

bayes et prieurés, le pape se réservant, de son côté, le droit canonique de libre acceptation et confirmation. Mais cette prérogative ne pouvait suffire à un prince comme Louis XIV, omnipotent, ou visant à l'omnipotence en toutes matières : dès le début de son règne, il essaie d'intervenir dans le domaine de la religion, et même de la discipline ecclésiastique[1]. Forcé de s'arrêter devant la ferme attitude du clergé français et du nonce apostolique, il attend le moment d'une revanche, que vient bientôt lui offrir l'affaire de la *Régale*.

On le sait, le droit de régale consistait, pour les rois de France, à percevoir le revenu des évêchés et des monastères vacants, et à conférer, pendant cette vacance, les bénéfices qui en dépendaient ; cette sorte de main-mise provisoire ne cessait que lorsque le nouveau titulaire de l'évêché ou du monastère avait fait enregistrer en la chambre des comptes son serment de fidélité au roi. Quelques provinces, notamment celles dont la réunion à la France était postérieure à la con-

[1] Le nombre des jours fériés fut réduit de dix-sept ; mais le peuple, comme l'atteste le journal, déjà cité, d'Olivier d'Ormesson, continua de célébrer les fêtes retranchées. De bonne heure aussi, dès 1666, Louis XIV tenta une réforme dans les communautés : il s'agissait de retarder jusqu'à vingt ans les vœux des religieuses et jusqu'à vingt-cinq ceux des religieux, et de défendre aux communautés, les maisons des ursulines exceptées, de prendre des pensionnaires.

cession pontificale, le Roussillon, par exemple, étaient exemptes de ce droit de régale. Dès 1673, Louis XIV, encouragé et servi par Colbert, voulut en finir avec des exemptions qui faisaient brèche à son système d'unité. L'extension de la régale n'avait-elle pas le double avantage de compléter le despotisme monarchique, et de fournir, pour cette interminable guerre de Hollande, de nouvelles ressources financières, dont on avait un si urgent besoin [1]? Mais l'exécution de ce projet ne laissait pas que d'être malaisée; on pouvait s'attendre à la légitime résistance des prélats soumis ainsi, et sans autre forme de procès, à cette brusque mesure. En effet, l'édit de 1673 fut l'objet de vives réclamations; en vain on le renouvela deux ans après, en 1675; deux évêques, ceux d'Aleth et de Pamiers, tinrent le roi en échec, refusant de reconnaître sur ce point sa juridiction. Louis XIV, avec cette impérieuse obstination qui est le caractère particulier de son absolutisme, poussa l'affaire jusqu'à ses dernières conséquences : il agit comme si les siéges des évêques récalcitrants eussent été disponibles, et il conféra à des hommes de son choix les bénéfices y attenant. Le pape Innocent XI, auquel en appelèrent les prélats dépossédés, protesta vigoureusement au nom de son droit pontifical, et lança plusieurs brefs contre le roi. Louis XIV, de son

---

[1] « M. de Colbert, écrivait en 1681 Mme de Maintenon, ne pense qu'à ses finances, et presque jamais à la religion. »

côté, maintint ses prétentions, et fit ratifier, par une assemblée générale du clergé de France, l'extension de la régale à tout le royaume [1]. Toutefois ce droit de régale subit une restriction : le roi renonça à la collation immédiate, en ce qui concernait les bénéfices emportant juridiction spirituelle, et se contenta du droit de *présentation*.

La déclaration du 12 mars une fois lancée en manière de manifeste, Louis XIV se hâta de proroger l'assemblée du clergé : il lui suffisait d'avoir fait montre de sa force et de s'être vengé des résistances d'un pouvoir qui, seul, avait posé des limites à sa toute-puissance. Quant à Innocent XI, il se retrancha dans son droit de souverain pontife, et refusa l'investiture à tous les évêques présentés par le roi. Comme représailles, et dans son éternelle vue d'uniformité monarchique, Louis XIV défendit aux prélats nommés par la couronne de recevoir les bulles du saint-père ; il en résulta que bientôt un tiers des évêques français se trouvèrent dépourvus de l'investiture canonique, et, en réalité, n'étaient plus que de simples « administrateurs spirituels » établis par les chapitres diocésains.

Telle était la situation du clergé de France, à l'égard de la couronne et du saint-siége dans le dernier quart du xvii° siècle ; voyons maintenant quel était l'état du reste du royaume ?

[1] Déclaration du 12 mars 1682, rédigée en quatre articles, par Bossuet. (*Anciennes Lois françaises*.)

II

Paris commençait alors à dévorer les provinces ; c'était déjà, comparativement, ce chef énorme congestionné aux dépens du corps, ce centre avide attirant à lui toute substance et toute vie. Les habitants des provinces, en fait, sinon en principe, n'étaient guère considérés que comme « des régnicoles de second ordre [1] » ; toute énergie et tout talent affluaient de soi à la capitale. Chaque jour, celle-ci s'étendait, compliquant, au fur et à mesure de son extension, les difficultés administratives. Colbert l'avoue dans une de ces instructions, dont nous avons déjà parlé, qu'il adressait à son fils, le marquis de Seignelay : « Paris étant la capitale du royaume et le séjour des rois, il est certain qu'elle donne le mouvement à tout le reste du royaume, que toutes les affaires du dedans commencent par elle, c'est-à-dire que tous les édits, déclarations et autres grandes affaires commencent toujours par les compagnies de Paris, et sont ensuite envoyées dans toutes les autres du royaume, et que les mêmes grandes affaires finissent aussi par la même ville, d'autant que, dès lors que les volontés du roi *y sont exécutées, il est certain qu'elles le sont partout*, et que toutes les difficultés qui naissent dans leur exécution naissent

[1] Tocqueville.

toujours dans les compagnies de Paris. C'est ce qui doit obliger mon fils à bien savoir l'ordre général de cette grande ville... »

En vain Louis XIV, à plusieurs reprises, essaie, par des édits sur les constructions, d'arrêter l'accroissement exagéré de la ville; l'enceinte va sans cesse reculant, la banlieue grossit à vue d'œil, et les ouvriers surtout s'y donnent rendez-vous, comme de nos jours, de tous les points du royaume.

La vie intellectuelle s'y concentre aussi bien que la vie physique : là seulement, les idées s'élaborent et se produisent ; la preuve en est qu'au XVIIe siècle les imprimeries de province ou disparaissent en partie, ou sont presque réduites à néant. Alors comme aujourd'hui la province, avant de penser et d'agir, attendait de savoir ce que faisait et pensait Paris. C'est ce qui explique comment la capitale a toujours pu accomplir une révolution générale dans le pays, dès qu'elle en a pris l'initiative.

Le directeur en chef des affaires administratives c'est le *contrôleur général,* titre des fonctions de Colbert : il attire successivement à lui toutes les questions; il agit à la fois comme ministre des finances, ministre de l'intérieur, ministre des travaux publics, ministre du commerce. Dans les provinces, l'ancien *gouverneur* a presque entièrement perdu tout pouvoir effectif ; c'est l'*intendant* ou *commissaire départi,* qui est en possession de la plénitude de l'autorité; il est le correspondant, l'agent direct des ministres, et le dépositaire des volontés souveraines, en sorte que la France appartient en réalité à trente maîtres des requêtes commis aux provinces.

Quant à la noblesse, reste de l'ancienne aristocratie féodale, elle avait toujours l'éclat du rang et de la considération; elle entourait le roi, lui composait une cour brillante, commandait les flottes, les armées, et elle ne cachait pas son dédain pour ces « hommes nouveaux », intendants et autres, que le roi avait préposés au gouvernement des bourgeois et des paysans. Mais cette noblesse s'appauvrit chaque jour; le tiers état, maître des offices, de l'industrie, du commerce, des ministères même, témoin Colbert et Louvois, s'empare, par cela seul, des richesses du pays. Malgré les lois qui protégent spécialement les biens-fonds de la classe nobiliaire, un immense changement se produit dans sa condition économique. Cet appauvrissement graduel des nobles a pour effet une grande division de la propriété foncière: le gentilhomme se met à vendre, lopin par lopin, sa terre aux manants; il ne garde que les redevances seigneuriales, afin de se réserver au moins l'apparence de son ancienne suzeraineté féodale. Souvent, réduit à une stricte parcimonie, il se condamne, l'été, dans son château, à vivre le plus chichement possible, afin d'aller jouir, l'hiver, à la ville, des économies qu'il a pu faire, en sorte que le *hobereau*[1], comme l'appelle le paysan, est loin d'être matériellement heureux. De plus, on l'oblige à se saigner pour paraître à l'armée; car, bien que les emplois militaires soient assez grassement rétribués, les gentilshommes, surtout s'ils sont courtisans et vivent à Versailles, font à leurs frais leurs équipages de campagne, et presque tous tiennent à honneur d'y déployer un luxe excessif; ils s'endettent, et, si par hasard l'armée éprouve un revers, si les bagages tombent aux mains de l'ennemi, tout est perdu pour eux. Il suffit de lire, pour se convaincre de ce fait, les lettres où Mme de Sévigné parle des déboires et des détresses de son fils.

En passant à la classe moyenne, nous voyons que presque en totalité elle habite les villes, car elle échappe ainsi aux plus dures exigences de la taille. Puis elle a le goût des fonctions publiques; les choses de la campagne l'intéressent peu; les *places*, voilà ce qu'elle ambitionne, et chacun, suivant son état, veut être quelque chose, « de par le roi. » Au sein même de la bourgeoisie, que de divisions, que d'antagonismes entre les différents corps constitués, sans compter les rivalités, dont nous avons déjà parlé, entre métiers et corporations! C'est une guerre incessante entre mille petits groupes, qui sont indépendants les uns des autres, mais qui, chaque fois qu'ils se

---

[1] Nom d'un petit oiseau de proie.

touchent, se froissent par toutes sortes de points sensibles.

Saint-Simon, dans ses *Mémoires*, appelle le règne de Louis XIV un règne de *roture* et de *vile bourgeoisie;* mais il faut bien s'entendre sur ces mots : Louis XIV et Colbert ne prétendent pas, de dessein préconçu, élever les bourgeois au préjudice des seigneurs; ils ne sacrifient point la noblesse à la roture; loin de là, ils consomment la ruine des franchises bourgeoises; ils annulent les priviléges politiques des différents corps constitués, où domine le tiers état, ils suppriment les institutions provinciales, les états généraux, et les derniers vestiges du vieux régime municipal. Cependant, malgré tout, et en dépit de lui-même, ce règne est bien, dans un certain sens, celui de la bourgeoisie, parce que le mérite et la fonction prévalent désormais sur la naissance, parce que c'est par la roture et pour elle que se développent le commerce et l'industrie, parce qu'une seule chose préoccupe le prince et son ministre, le nivellement général, pour la subordination et l'uniformité générales ; c'est enfin un règne de roture, par ce fait seul, qui est considérable, à savoir que le noble est obligé de s'accoutumer dans l'armée, côte à côte avec le bourgeois, à une complète obéissance. Il y a, de plus, une puissance qui devient, pour la bourgeoisie, un nouvel élément de crédit et d'influence, c'est la *littérature*. La littérature, sous Louis XIV et Colbert, commence à constituer seule et par elle-même une glorieuse profession ; or presque tous les grands noms littéraires du XVIIe siècle sont des noms plébéiens. C'est la bourgeoisie qui remue les idées du temps, qui fait parler ce qu'on a depuis appelé « l'opinion publique »; et là, comme partout, le prince s'empare du mouvement, pour le diriger ou le dominer ; il comble de faveurs et d'encouragements ces roturiers qui écrivent; parfois même il les honore de son intimité. En compensation, il leur donne la règle et le ton ; ils semblent s'y soumettre par reconnaissance, et ne plus penser que par lui et pour lui. On l'a dit, hyperboliquement sans doute : « Un regard de Louis enfantait des Corneille. » Mais ce qu'il y a de certain, c'est que le même regard donnait la mort à d'autres poëtes. Nous l'avons vu, Racine, ainsi que Colbert, a succombé sous un coup d'œil trop sévère du maître.

III

Ainsi, la bourgeoisie avait grandi de jour en jour par l'industrie, par la richesse, par les hauts emplois, par le génie littéraire; mais quelle était la condition du plus grand nombre, c'est-à-dire du peuple des cultivateurs? Qu'avaient-ils produit dans l'œuvre commune, et où en était la France agricole? Était-elle prospère, ou misérable encore? Dès ce temps-là les avis étaient partagés à cet égard. Au moment de la paix de Nimègue, sir William Temple écrivait : « La richesse de la France, qui est la cause de sa puissance, résulte de la consommation prodigieuse, faite par les pays qui l'environnent, des produits si nombreux et si riches de son sol et de son climat... » Il appelle plus loin la France « ce noble royaume, le plus favorisé par la nature, suivant mon opinion, de tous ceux qui sont au monde ».

Un autre personnage anglais, Locke, qui, à la même époque, voyageait en France pour sa santé, trace cependant un assez triste tableau du pays. Il remarque, par exemple, en se rendant d'Avignon à Tarascon, qu'au sortir des États du pape [1], la vallée du Rhône cessait d'être bien cultivée, quoique la fertilité y fût la même; « mais les taxes modérées, dit-il, et l'exemption du logement des gens de guerre avaient entretenu plus d'industrie chez les sujets du pape que chez ceux du roi. » Il observe qu'à Montpellier le fermage des terres a diminué de moitié depuis quelques années, par suite de la pauvreté des populations, et que les gains des marchands et artisans sont presque réduits à néant. En traversant le Poitou, il est frappé du grand nombre de maisons « pauvres et basses » qui tombent en ruines ; c'est pour lui la preuve que la population décroît en France. Les châteaux de la noblesse lui paraissent également

[1] On sait que le comtat Venaissin appartenait alors au saint-siége.

en décadence, quand ils ne sont pas tout à fait minables; mais le fléau sur lequel il insiste surtout, c'est l'oppression qui résulte pour les peuples de la nécessité de loger les gens de guerre : charge dure, en effet, et qui avait servi de texte à bien des doléances du clergé et du tiers ordre aux états généraux. A Niort, par exemple, un pauvre libraire se plaignait d'avoir eu, pendant trois mois et demi, à loger deux soldats, auxquels il donnait trois repas de viande par jour, tandis qu'il en avait rarement un pour lui-même. Puis, dans maintes régions, les salaires étaient insuffisants, presque dérisoires : c'est ainsi qu'aux environs de Bordeaux, nombre de vignerons ne gagnaient que sept sols par jour, et les femmes trois. Leur nourriture était du pain de seigle et de l'eau; une fois l'an peut-être, ils mettaient un morceau de viande dans leur pot, et quelle viande! des entrailles, rebut des boucheries. La chose ne paraît pas possible, cependant les paysans de Saintonge et d'autres parties de la France étaient plus misérables encore.

C'est la guerre contre la Hollande qui avait surtout aggravé le mal. Les traitants, nous l'avons vu, avaient repris le haut du pavé; au mépris des ordonnances formelles de Colbert, ils enlevaient au paysan ses bêtes de trait, quand il en avait, en sorte que, dans beaucoup de campagnes, on vit des hommes s'atteler eux-mêmes à la charrue. Les guerres suivantes ajouteront encore à cette poignante détresse, et ce long règne se terminera sur de si effroyables misères, que des bandes affamées viendront jusque dans Versailles se disputer la pâtée préparée pour les chiens de la cour. Il aurait fallu, pour sa punition morale, que Louis XIV assistât, du haut de quelque balcon, à cette curée sinistre; mais on se garda bien sans doute de lui en laisser rien soupçonner.

De leur côté les intendants, dans leurs mémoires, sont unanimes à signaler la croissante dépopulation des campagnes, et ils font la même peinture des souffrances endurées par les classes agricoles, bien que, écrivant officiellement, ils en atténuent un peu les détails. Quant à cette dépopulation des campagnes, elle ne tenait pas, comme on l'a dit trop souvent, au développement même des industries créées par Colbert : sans doute, grâce à ses constants efforts, ce développement fut alors considérable, car le ministre emprunta aux Flandres, à la Hollande, à l'Italie, les métiers qui faisaient leur prospérité; mais ces métiers n'exigeaient pas encore le déplacement de ceux qui les exerçaient; il n'en était pas comme de nos jours, et ce n'est que longtemps après que le travail collectif de l'atelier se substitua au travail individuel de la maison : l'ouvrier n'était point obligé d'aller à la ville pour trouver de l'ouvrage; il en avait sous son toit, où il pouvait continuer à vivre de la vie de famille [1]; le dévelop-

[1] De nos jours, il en est encore de même dans presque

pement donné, par exemple, à la filature de la laine, du chanvre, du lin, et au tissage ne faisait qu'augmenter la somme d'ouvrage qui peut s'exécuter au foyer domestique. La désertion des campagnes, ou *l'absentéisme*, comme on l'a nommé, ne venait donc pas de l'extension du travail manufacturier; les causes en étaient ailleurs.

La cour, nous l'avons indiqué, agissait comme un aimant irrésistible sur la classe des grands propriétaires ruraux : la principale ambition pour la haute noblesse, c'était de vivre auprès du roi ; pour la petite, de se mettre au service du roi, et la plupart se ruinaient, les uns à Versailles, les autres à l'armée; en tout cas, les rentes prélevées sur le paysan cessaient de revenir vers lui, et de lui ramener, sinon l'aisance, au moins un bien-être relatif. Puis, même parmi les seigneurs qui n'abandonnaient pas entièrement leurs terres, il y en avait bien peu qui se préoccupassent d'améliorer leurs cultures. Quelques-uns, il est vrai, s'apercevant que leur vieux manoir n'était plus en harmonie avec les mœurs et les usages du temps présent, se faisaient bâtir une nouvelle demeure, entourée de parcs et de jardins genre le Nostre, une espèce de Versailles en petit, avec

tout le nord de la France : malgré les grands établissements industriels de cette région, et pour ne parler que des tisseurs, les villages sont pleins d'ouvriers qui ont chez eux leur métier, sur lequel ils travaillent, et ils ne vont à la ville que pour y porter l'ouvrage de la semaine.

de belles avenues, des statues, des groupes de marbre et des pièces d'eau ; mais qui songeait à créer des fermes, à faire des défrichements ou des irrigations, à ouvrir ces chemins d'exploitation ou de communication si nécessaires au travail des champs? L'agriculture, dénuée de capitaux et de moyens, abandonnée à l'ignorance et à la routine, demeurait donc forcément stationnaire et improductive. Comment s'étonner dès lors que le paysan abandonnât, pour la ville, un sol où il ne pouvait vivre ?

Un autre fléau pour les habitants des campagnes, c'était la *corvée*, que Colbert eût bien voulu abolir, mais qu'il fut obligé de conserver. Certes, c'était une idée qu'on pourrait appeler bizarre, si elle n'était si injuste, que de faire payer les routes aux pauvres, c'est-à-dire à ceux qui voyagent le moins. L'injustice paraîtra plus criante encore, si l'on songe que la corvée, vers la fin du XVIIe siècle, s'étendit peu à peu à presque tous les travaux publics : on y recourut, par exemple, pour la construction des casernes, pour le transport des forçats dans les bagnes et des mendiants dans les dépôts de charité, enfin, pour le charroi des effets militaires à chaque changement de garnison. Que de temps perdu pour le paysan ! Quelle contribution de charrettes et de bœufs ! Aussi la race dépérissait-elle ; les voyageurs anglais s'étonnaient de la trouver si chétive, et ils nous appelaient « ces grenouilles de Français » !

IV

Jetons maintenant un dernier regard sur cette industrie créée et protégée par Colbert à si grand renfort de règlements et de priviléges. Lui mort, que va-t-elle devenir? Bien des gens avaient prédit que son œuvre ne lui survivrait pas : « On dit que si M. Colbert vient à mourir, écrivait en 1671 Gui Patin [1], il faut dire adieu à toutes les manufactures qu'il a fait établir en France. » Ce pronostic de malheur ne se réalisera pas complétement, car aujourd'hui encore nous bénéficions de l'héritage légué par le grand ministre à l'avenir; mais, lorsqu'il ne sera plus là, les vices de son système frapperont davantage les yeux clairvoyants. C'est ainsi qu'en 1695 on verra le corps des merciers réclamer avec énergie la liberté du commerce, au nom de l'intérêt général, et en invoquant l'exemple de Venise : « Là, disait la corporation, on est en liberté de travailler chacun au mieux qu'il lui est possible; il n'y a d'exclusion que pour les ignorants; on ne connaît point là les priviléges exclusifs, parce qu'ils ne servent qu'à favoriser l'ardeur de ceux qui, sans connaissance et sans capacité..., ont pour toute science celle de s'enrichir aux dépens du public. » N'est-ce pas ce que disent, aujourd'hui même, les partisans du *libre échange?*

[1] Lettres.

Mais, malgré ces plaintes, la réglementation, loin de diminuer, va s'aggraver encore. Colbert ne l'avait guère appliquée qu'à ce qu'on appelle les tissus (toiles, soieries, lainages, draperies, tapisseries, bonneteries, etc.), et en établissant, d'un autre côté, le système prohibitif, il n'avait fait que donner suite aux vœux des états de 1614. Quant à lui personnellement, il n'était pas partisan exclusif des entraves et de l'isolement en matière de commerce; il le déclarait formellement : dans sa pensée, les faveurs dont les fabricants étaient l'objet ne devaient être que temporaires ; c'étaient « des béquilles » destinées à les soutenir jusqu'à ce qu'ils pussent se soutenir eux-mêmes ; on peut donc croire que, le moment venu, il aurait apporté bien des correctifs au régime qu'il avait fondé. Après lui, au contraire, la réglementation atteindra tous les objets, et, comme dans toute branche de fabrication il se produit, d'année en année, certaines innovations qu'aucun règlement ne peut prévoir, il en résultera une lutte continue entre l'inventeur, naturellement progressif, et la loi, forcément immobile. De là, nécessité pour le législateur, désireux d'empêcher la fraude, de publier sans relâche des ordonnances supplémentaires, visant les cas nouveaux, tâchant de prévenir les modifications futures, et achevant ainsi d'enfermer l'industrie française dans un cercle de Popilius.

Ce n'est pas tout : à mesure que les prescriptions iront se multipliant, on verra grossir le nombre des agents chargés de les faire observer, et grossir en même temps le chiffre des droits imposés sur la marchandise. Il en résulte un surcroît de frais pour le fabricant, par suite une augmentation de prix pour le consommateur, et une source intarissable de fraudes, de saisies, de procès, d'amendes, etc., c'est-à-dire une guerre permanente entre l'État et les producteurs.

D'autres causes viendront consommer la ruine de l'industrie française : ce seront, sans compter les effets économiques de la révocation de l'édit de Nantes (1685), les guerres désastreuses de la fin du règne. A tant de douloureux revers sur les champs de bataille ajoutez les droits de douane surélevés d'après un système tout différent de celui de Colbert, l'industrie emmaillottée comme un nouveau-né, le commerce de Marseille anéanti par les corsaires, toutes les fabriques fermées ou près de l'être, les métiers sans bras, « la France entière, dit Fénelon, un grand hôpital désolé et sans provisions, » une dette de près de trois milliards et demi, avec une encaisse au trésor de 800,000 livres : telle sera la déplorable condition du royaume en ces jours néfastes.

V

Cependant, disons-le encore, malgré toutes ces

causes générales et particulières de ruine, l'œuvre de Colbert ne périt pas tout entière. Des germes féconds, destinés à mûrir de nouveau, travaillaient le sol à l'intérieur; après la crise, ils lèveront. Le commerce, habitué à des procédés meilleurs, ne reviendra plus en arrière ; puis, par compensation à tant de malheurs, la condition du fabricant et de l'ouvrier s'est sensiblement améliorée. En créant les grandes manufactures, Colbert a produit une nouvelle génération de maîtres, de directeurs, les propriétaires d'usines et de fabriques, qui sont à l'industrie ce que les gros armateurs, par exemple, sont au commerce, et qui vivent indépendants, en dehors de toute corporation, sous la protection directe du roi, et sous le couvert de privilèges importants. De ce moment datent les grandes fortunes et les grandes renommées industrielles. Le négociant et le fabricant prennent l'habitude de voyager volontiers ; ils étudient les pays qu'ils parcourent, et leurs idées s'étendent au profit de la production nationale ; enfin l'industrie, s'élargissant tous les jours, fait éclater, comme un moule trop étroit, la vieille et sombre boutique du moyen âge.

Quant aux ouvriers, la grande manufacture avait augmenté nécessairement la division du travail, et, par cette division seule, elle les avait mis dans de meilleures conditions. Chacun, dès lors, eut sa fonction : « Dans la manufacture des Van Robais, qui occupait 1,692 personnes, il y avait des ateliers particuliers pour la charronnerie, pour la coutellerie, pour le lavage, pour la teinture, pour l'ourdissage, et les ateliers du tissage comprenaient eux-mêmes plusieurs espèces d'ouvriers, dont le travail était entièrement distinct, tels que les tisserands, trameurs, éplucheurs, drousseurs, repasseuses, bobineuses, gratteuses et brodeuses. Cette révolution était un bien pour l'industrie, qui, par là, pouvait produire mieux et à meilleur marché [1]. » Ajoutons que, par les spécialités mêmes qu'elle créait, la grande manufacture formait des ouvriers d'une habileté particulière, dont le travail, étant mieux apprécié, était dès lors mieux rétribué.

Lorsqu'on jette un regard d'ensemble sur l'œuvre générale de Colbert, on voit que le mal s'y trouve parfois à côté du bien : nous pensons avoir exposé l'un et l'autre avec impartialité ; au lecteur maintenant de décider de la raison ou du tort, entre ce peuple aigri qui jetait l'injure et la malédiction à la tombe du ministre, et la postérité qui a mis l'héritier des Sully et des Richelieu dans le glorieux panthéon des grands hommes de la France.

[1] M. E. Levasseur.

FIN

TABLE

Chapitre I. — Colbert et Mazarin. 5
Chap. II. — Les finances et les impôts. 32
Chap. III. — Nivellement politique. — Justice et police. 61
Chap. IV. — Agriculture, commerce et industrie. . 84
Chap. V. — Marine marchande et colonies. . . . 120
Chap. VI. — Colbert et les arts, les lettres et les sciences. 156
Chap. VII. — Colbert et la politique de conquête. . 187
Chap. VIII. — Colbert et les résultats économiques de la guerre. 222
Chap. IX. — Colbert et Seignelay. — Mort de Colbert. 248
Chap. X. — Les différentes classes du royaume à la mort de Colbert. — Les villes et les campagnes. . 266

5408. — Tours, impr. Mame.

FORMAT IN-12. — 2ᵉ SÉRIE

BIOGRAPHIES NATIONALES

BLANCHE DE CASTILLE (histoire de), par J.-S. Doinel, ancien élève de l'École des Chartes, bibliothécaire-archiviste de Niort.

BOSSUET (histoire de), évêque de Meaux, par J.-J.-E. Roy.

CHARLEMAGNE ET SON SIÈCLE, par J.-J.-E. Roy.

COLBERT, ministre de Louis XIV, par Jules Gourdault.

FÉNELON (histoire de), archevêque de Cambrai, par J.-J.-E. Roy.

JEANNE D'ARC, par M. Marius Sepet, ancien élève de l'École des Chartes; précédé d'une introduction par M. Léon Gautier.

JEUNESSE DU GRAND CONDÉ (la), d'après les sources imprimées et manuscrites, par M. Jules Gourdault.

GODEFROI DE BOUILLON, par Alphonse Vétault, ancien élève-pensionnaire de l'École des Chartes.

LOUIS XI (histoire de), par J.-J.-E. Roy.

SUGER, par Alphonse Vétault, ancien élève-pensionnaire de l'École des Chartes.

SULLY ET SON TEMPS, d'après les Mémoires et Documents du xvɪᵉ siècle, par M. Jules Gourdault.

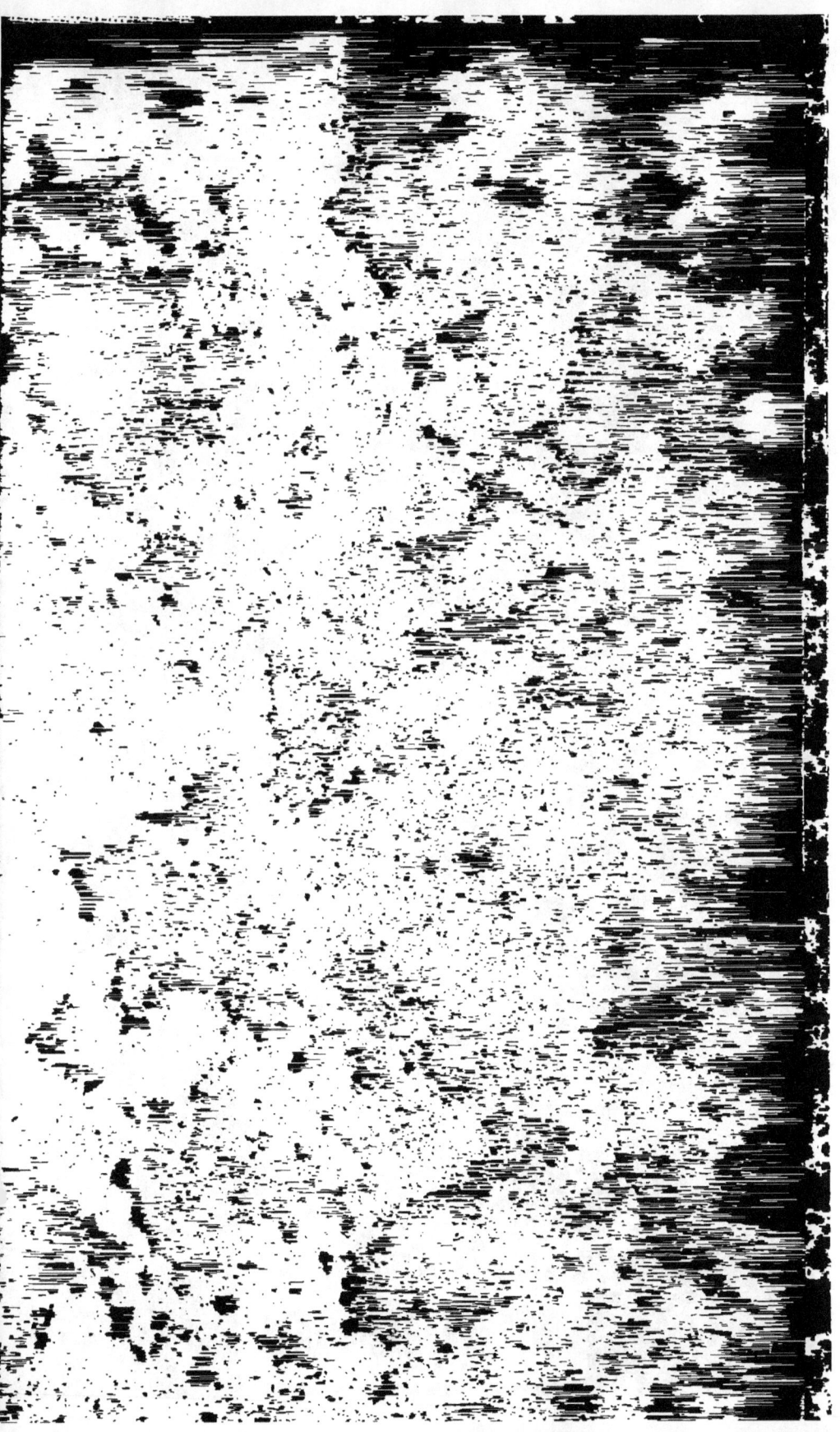

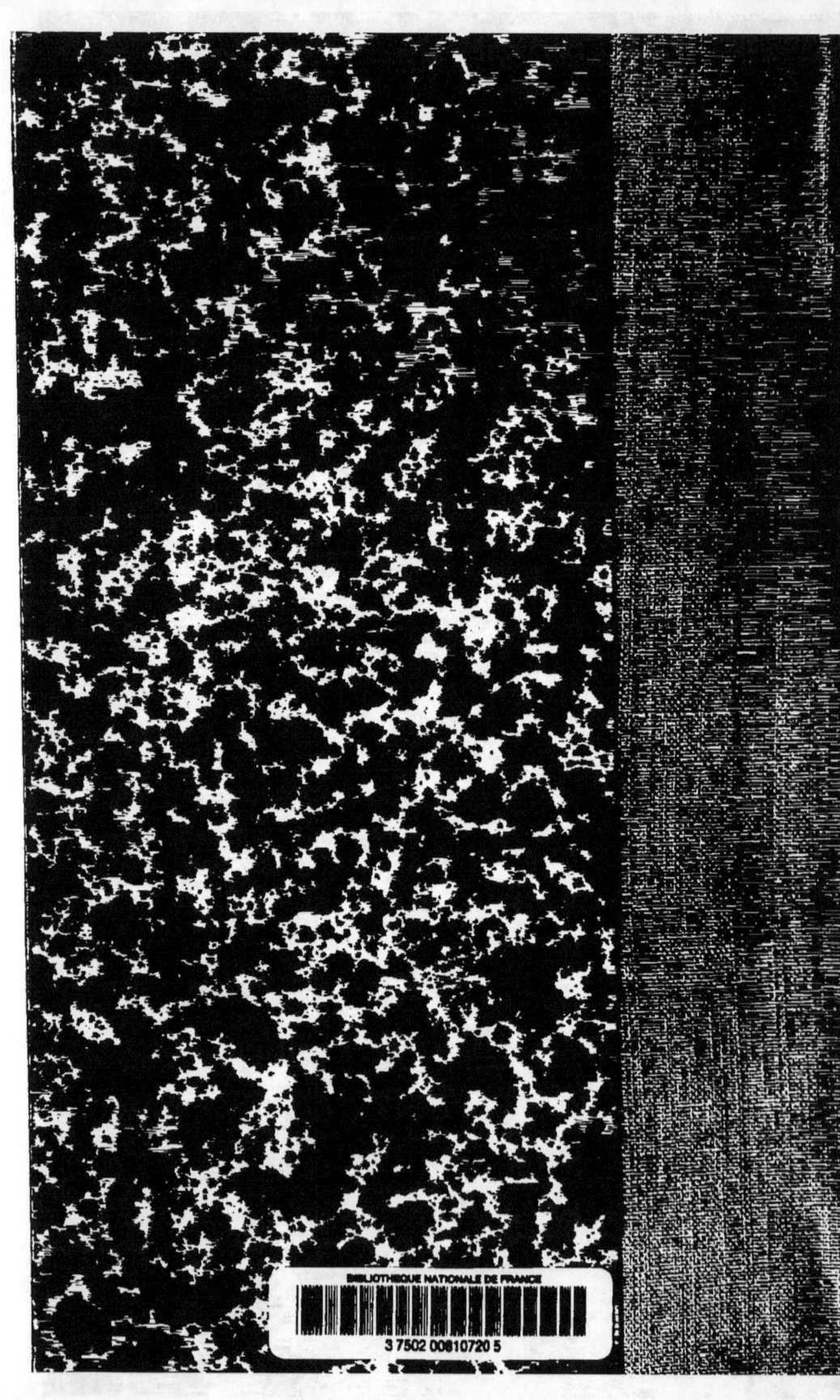

www.ingramcontent.com/pod-product-compliance
Lightning Source LLC
Chambersburg PA
CBHW071337150426
43191CB00007B/764